近代社会思想コレクション15

ライオネル・ロビンズ

経済学の本質と意義

An Essay on the Nature and Significance of Economic Science

小峯 敦
Atsushi Komine
大槻忠史
Tadashi Ohtsuki
訳

京都大学
学術出版会

編集委員

大津真作
奥田敬
田中秀夫
中山智香子
八木紀一郎
山脇直司

父に捧ぐ

序　　言

　本書は二重の目的を持つ。第1に、経済学の主題、および経済学を構成している一般法則の本質に関して、正確な概念に到達したい。第2に、この一般法則の限界と意義について——現実を解釈する手引きとして、政治的な実践の基盤として——説明を試みたい。現代では、ここ60年間の理論的発展により、いったん問題が明瞭に述べられれば、この問題に関して意見の深刻な相違が存在する理由はもはやない。しかし、こうした明言が欠けているため、様々な方面で混乱がまだ残っており、経済学者の第一任務やその能力(コンピテンス)の本質と範囲について誤った考えが流布している。その結果、経済学の評判は損なわれ、それがもたらす知識を十全に活かしきっていない。本書はこの欠陥を修復しようという試みである。経済学者が何を議論しているのか、その議論の結果として期待しうるものは何かを明らかにする試みである。それゆえ、一方でこれは純粋理論の方法や仮定に関する注解と見なされるし、他方で応用経済学の研究に対する一連の序論と見なされるのである。

　本書の対象ゆえに、必然的に幅広い視野を取ることが要請される。しかし私の目的は終始、できるだけ足が地に付いた議論を保持することである。専門家としての能力を持ちうる領域から外れるので、私は哲学的に精緻な議論を回避した。そして、私の命題の基礎を、この主題を論じた近年の最高作品という実際の著作に置いた。一経済学者が仲間の経済学者に向けて書かれたこの種の研究では、経済学がどうなるべきかの理論を真空から苦心して練り上げるよりは、特定の問題に関して容認された解法に絶えず言及しながら、議論の核心を突こうとする方が良いように思われた。同時に、簡潔を旨とした。私の目的

は、この主題を微に入り細に入り扱おうとするよりは、ある観点を示唆することである。このためには、私が当初に集めていたかなりの材料を犠牲にしても、簡潔であることが望ましいようだ。しかし、ここで策定された原理を例証したり、敷衍したりする一般的な経済理論に関する著作を、後には出版したいと願っている。

　私が唱道した見解に対して、独自性を要求することはまったくない。1つや2つの例に関して、必ずしも明瞭に述べられていないある種の原理に説明力を与えるのに成功した、とあえて願うほどである。しかし、私の目的は主として、現代の経済学者ほとんどの共有財産である命題をできるだけ簡単に述べることであった。私はLSEの同僚および学生との会話に負うところが大きい。その他の恩恵に関しては、主に気がついた限り、脚注に記しておいた。しかし、ルードウィッヒ・フォン・ミーゼス教授の著作と、故フィリップ・ウィックスティード『経済学の常識』とに、特別な恩義があることをもう1度記しておきたい。私は上記の典拠からかなり引用したけれども、これらを用いることで大いに助かったことを考えると、本文での引用はその全面的な助けを十分に反映させたとは言えない。

ライオネル・ロビンズ

LSEにて　1932年2月

凡　例

(a) 原文で強調の斜体は、訳文で傍点とした。ただし、*vice versa*（逆も同様）などの外来語には適用していない。
(b) 原文で二重引用符" "は、訳文で「　」とした。ただし原文に引用符がなくても、理解しやすさのために「　」を付けた場合もある。
(c) 訳者による挿入は、本文・脚注のいずれにおいても［　］とした。ただし、訳注は〔　〕で示している。訳文の参照は／の後にページ数を添えた。
(d) 第2版との異同については、重要な場合のみ言及し、脚注で触れている。
(e) 原文の脚注に特に多かったページ数の誤記、題名の誤記や省略などは、ほとんど断ることなく、できる限り訂正しておいた。
(f) 脚注にある文献に付した番号は、訳者解説の直前にある参照文献一覧に対応している。原文で用いられた版は判明していない場合も多いが、最も蓋然性が高い版を一覧に挙げた。

目　　次

序　言 …………………………………………………………… ii
凡　例 …………………………………………………………… v

第1章　経済学の主題

第1節　はじめに ……………………………………………… 3
第2節　経済学の「物質主義的」定義 ……………………… 5
第3節　経済学の「稀少性」定義 …………………………… 13
第4節　経済学と交換経済 …………………………………… 17
第5節　「物質主義的」定義と「稀少性」定義の比較 …… 22

第2章　目的と手段

第1節　はじめに ……………………………………………… 25
第2節　経済学と目的 ………………………………………… 25
第3節　経済学と美学 ………………………………………… 29
第4節　経済学と技術 ………………………………………… 33
第5節　経済理論と経済史 …………………………………… 39
第6節　歴史の唯物論的解釈 ………………………………… 43

第3章　経済「量」の相対性

第1節　稀少性の意味 ………………………………………… 47
第2節　経済財の概念 ………………………………………… 47

第3節 「抽象性を誤って具体性に置き換えてしまう誤謬」………… 50
第4節 経済統計の意味……………………………………………… 55
第5節 時系列の意義………………………………………………… 60
第6節 「生産―分配」分析　対　均衡分析……………………… 64

第4章　経済学の一般法則における本質

第1節 はじめに……………………………………………………… 73
第2節 経済法則の起源……………………………………………… 73
第3節 費用理論と貨幣論…………………………………………… 77
第4節 経済学と心理学……………………………………………… 84
第5節 経済人の神話………………………………………………… 88
第6節 経済学と制度………………………………………………… 93
第7節 経済学と「歴史的」変化…………………………………… 95

第5章　経済学の一般法則と現実

第1節 「経験的な偶然」としての稀少性………………………… 97
第2節 需給の統計的「法則」……………………………………… 99
第3節 制度主義者の「量的経済学」……………………………… 102
第4節 実証的研究の機能…………………………………………… 106
第5節 経済法則の必然性…………………………………………… 111
第6節 経済法則の限界……………………………………………… 116

第6章　経済学の意義

第1節 はじめに……………………………………………………… 121

第2節　限界効用逓減の法則 …………………………………… 121
第3節　均衡理論の中立性 ……………………………………… 128
第4節　経済学と倫理学 ………………………………………… 133
第5節　経済学の意義 …………………………………………… 138
第6節　経済学と合理性 ………………………………………… 143

参照文献一覧 ……………………………………………………… 145

訳者解説 …………………………………………………………… 165
あとがき …………………………………………………………… 210

人名索引 …………………………………………………………… 211
事項索引 …………………………………………………………… 216

経済学の本質と意義

第1章　経済学の主題

第1節　はじめに

　本書の目的は、経 済 学(エコノミック・サイエンス)の本質と意義を提示することにある。それゆえ、経済学の主題についてその範囲を定めること、つまり経 済 学(エコノミックス)は何に関するものなのかについて実用的な定義を用意することが、まず本書の課題になる。

　不幸にも、この課題は一見するほど簡単ではない。ここ150年も経済学者が尽力してきたために、一連の一 般 法 則(ジェネラリゼーションズ)が確立するに至った。その法則がかなり正確でしかも重要であることについては、無知な者・頑固な者以外に疑う者はほとんどいない。しかし、こうした一般法則に共通する主題に関して、その究極的な本質が何かについては、経済学者はまったく合意に達していないのである。経済学の標準的な著作における中心的な章で、この科学の主要原理が──若干の異同はあるものの──受け売りされている。しかし、その著作の主題が説明されている章では、いまだに大きな見解の相違が存在する。我々はみな同じものを語っているにもかかわらず、何について論じているのかについては、まだ合意に達していないのだ。(1)

　このことは決して、予想されなかった事態でも不名誉な事態でもない。100年前にミルが指摘したように、ある科学の定義はほとんど常に科学それ自体の創設の後から来るものであって、先に生じるものではない。「都市の城壁と同じく、ある科学の定義は、後に出現するかもしれない殿堂のための容器としてではなく、既に存在している総体を境界線で囲うために、通常は構築されてきたのである(2)」。それどころか、科学がある発展段階に到達しない限り、その範囲を画定することはまったく不可能である。この事実はまさに科学の本質から生じ

る。なぜなら、科学の統一性は解きうる問題の統一性の中にのみ見いだせるのであって、こうした統一性は説明が施された原理を相互に関連させることで、初めて発見されるからである。現代的な経済学は実践的・哲学的な探究——例えば、貿易収支の研究、利子を取ることの正当性の議論——における様々な別個の領域から生じた。こうした異なった探究に潜む発見されるべき「問題の同一性」を求めて経済学が十分に統一されてきたのは、ごく最近になってからであった。初期の段階では、この科学の究極的な本質を発見する試みは、すべて失敗する運命にあった。あえて試みようとすれば、時間の無駄となったことであろう。

（１）　この言い方が誇張と思われないように、以下に２、３の典型的な定義を付記しておこう。選択の範囲はイギリスの文献に限定しておく。なぜならば後に示されるように、イギリス以外ではヨリ満足のいく状況が出現しつつあるからである。「経済学は、生活を営む人間の学問である」（マーシャル『原理』［81］p. 1／訳3頁）［第2版：より正確で長い引用に変更］。「経済学は、価格という観点から現象を扱う科学である」（ダヴェンポート『企業の経済学』［37］p. 25）。「経 済 学（ポリティカル・エコノミー）の目的は、人間の物質的厚生が依存している一般的要因を説明することである」（キャナン『初級経済学』［16］p. 1／訳1頁）。「経済学を人間厚生の物質的側面についての科学であると言うには、あまりにも定義が広すぎる」。むしろ経済学は、「一般的方法についての学問である。この方法によって、人々は自らの物質的需要を満たすために協力するのである」（ベヴァリッジ「教養教育としての経済学」［5］『エコノミカ』第1巻 p. 3)。ピグー教授によれば、経済学とは経済的厚生についての学問である。経済的厚生とは「厚生のうち、直接的または間接的に貨幣の尺度と関係を付けうる部分である」（『厚生経済学』［107］第3版 p. 1／訳 lxxvii および13頁）と定義されている。以上から、こうした定義の内包する意味が互いに大きく異なっていると分かるであろう。
（２）　ミル『経済学における未解決問題』［91］p. 120／訳156-57頁。
（３）　「諸科学の研究領域の根底にあるのは、『事物』の『事実に即した』関連ではなく、様々な問題の思想上の関連である」（マックス・ウェーバー「社会科学的および社会政策的認識の客観性」［147］『科学論論文集』p. 166／訳38頁）。
（４）　キャナン『経済理論の概観』［23］pp. 1-35、およびシュンペーター『学説ならびに方法の諸段階』［131］pp. 21-38［第1章］／訳9-64頁を参照せよ。

しかし、いったんこうした統一化の段階に到達したならば、正確な境界を定めることは時間の無駄どころか、そうしないことこそが時間の無駄となる。対象が明確に示されて初めて、さらに進んだ研究が可能になる。この問題群は素朴な考察ではもはや不十分である。理論の統一性に隙間があること、つまり原理を説明するのに不十分なこと、ここに問題が示されている。この統一性を把握しなければ、誤った手がかりに基づいて事が進んでしまいがちだ。現在の経済学者を襲う最大の危機の1つは、疑いもなく、不適切なものに夢中になっていることである。つまり、主題に厳密に関係する問題を解くことと、ほとんど――もしくは、まったく――関係しないような活動が増殖しているのである。(5) この種の問題が究極の解決に向けた途上にあるような中心領域で、重要な理論的問題が最も迅速に解決しうる、ということも同様にほとんど疑い得ない。さらに、もしこうした解決法が十分に応用されるべきで、経済学が実践とどのように関わっているかを正しく理解すべきならば、経済学が確立している含意と限界を正確に知るべきことは本質的である。それゆえ、経済学の一般的な主題を記述する公式を発見するという、一見すると極端に純理論的な問題に安心して考察を進めることになる。

第2節　経済学の「物質主義的」定義

　おそらく最も信奉者を――ともあれアングロ・サクソン諸国において――引きつけている経済学の定義によれば、経済学は物質的福祉の原因探究と関連する。この要素はキャナンの定義にもマーシャルの定

（5）　この点の詳細は、本書第2章第5節、特に p. 40（訳42頁）の注釈を参照のこと。

義にも共通する。さらにパレートの接近方法は多くの点で、この2人のイギリス人とあまりに異なっているのだが、その彼ですらこの定義の使用を認めている。それはJ. B. クラークの定義にも含まれている。

　この定義によって一見すると、我々の関心の対象を実践的な目的のために記述してくれる定義をここに得たかのように思えることは、認めなければならない。通常の話し言葉では、「経済的」という言葉は「物質的」と同じ意味で用いられる一面があることは、疑いもない。この解釈が非常にもっともらしいと気づくには、「経済史」や「経済および政治における利益の衝突」などという言い方で、普通の人がどのように理解するかを考えてみるだけで良い。経済学の範囲には入ってきそうだが、この定義からは抜け落ちている問題が確かにある。だが、こうした問題が、すべての定義に不可避な、些末な事例という程度に見えるのも至極もっともだ。

　しかしながら、こうした定義の妥当性を最終的に判定するのは、日常的な言い方におけるある種の使用法と見かけ上に調和するかどうかではなく、経済学の主たる一般法則に対して、究極的な主題を正確に描写できるかどうかである。そして物質的という定義は、この判定基準にかけるならば、大きな欠陥を抱えているのだ。この欠陥は些末で副次的どころではなく、最も中心的な一般法則の範囲や意義を示すと

---

(6) キャナン『富』[19]（初版）p. 17／訳32頁。
(7) マーシャル『原理』[81]（第8版）p. 1／訳3頁。
(8) パレート『経済学講義』[103] p. 6。
(9) クラーク『経済理論の要綱』[30] p. 5。さらにクラーク『富の哲理』[29] 第1章／訳11-12頁も参照せよ。その章では、以下で議論される困難について明確に認識されている。しかし驚くべきことに、クラークはその定義を拒否する方向に進むのではなく、「物質的」という言葉の意味を、かなり強引に変えようと試みているのに過ぎない。
(10) しかし、この解釈の妥当性を検討することについては、第2章を参照せよ。

いう点では、完全な失敗に他ならない。

　理論経済学の主部門の1つを取り上げて、我々が考察している定義がどの程度うまく扱っているかを考えよう。例えば、賃金論が経済分析のどんな体系にも不可欠な要素であることは、全員が同意するはずだ。我々は次のような仮定に満足できるだろうか。こうした理論が扱うべき現象は、人間の厚生のうちヨリ物質的な側面に適するものとして適切に描写されているという仮定である。

　言葉の厳密な意味で、賃金とは雇い主の監督下で、契約された率において、仕事を実行することで獲得される合計金額である。一般的な経済分析では、しばしばもっと不正確な意味、つまり利潤以外の労働所得を表すのである。さて、ある種の賃金が、物質的福祉に通ずるような労働の対価であるのは、まったくの真実であろう。例えば汚物汲み取りの賃金である。しかし、次のことも同等に真実である。ある種の、例えば、オーケストラの一員の賃金は、物質的福祉とほんの少しでも関わりを持たないような仕事に対して支払われるという事実であ

---

(11)　これに関連して、ある混乱を一掃しておくことは、おそらく価値があるであろう。それは、用語法を議論するときに往々にして起こる混乱である。日々の言語および科学的な分析のどちらでも用いられる言葉を科学的に定義するとき、日常の話し言葉の用法から離れるべきではない、としばしば主張される。疑いもなく、この主張は完璧だが実行不可能な助言である。しかし原則としては、その主旨を受け入れても良いかもしれない。ビジネスの実践的場面において1つの意味で用いられる言葉が、そのような実践を分析する場面では別の意味で用いられる場合、大きな混乱が生じる。資本という言葉の意味について、このような乖離によって難題が生じることを考えてみれば良い。しかし、ある1つの言葉を用いる際に日常的な用法に従うことと、科学を定義する際に日常の会話が最終的な判断の基準であると主張することとは、完全に別物である。というのもこの場合、その言葉の重要な意味内容は、その科学の一般法則の主題であるからである。そして、その定義が最終的に確立されうるのは、この一般法則を参照することによってのみである。他のどのような手段であっても、許されるものではないであろう。

る。物質的なサービスにある価格が設定され、交換の循環に入ってくる。非物質的なサービスも同等である。賃金論は前者と同じく、後者の説明にも適用できる。賃金への説明は、人間の「ヨリ物質的な」側面に寄与する仕事に限られるわけではない——どんな仕事でも良いのである。

　賃金の支払先である仕事から、賃金の使用先である物事へ目を転じても、事態が良くなるわけではない。賃金論が前述のように描写できるのは、賃金稼得者の生産物が他人の物質的厚生に寄与するからではなく、その人の獲得物が自分自身の物質的厚生に寄与するからである、と論じられるかもしれない。しかしこの論法もちょっとした考察にすら耐えられない。賃金稼得者はその稼ぎでパンを買うかもしれない。しかし劇場の切符を購入するかもしれない。「非物質的な」サービスに支払われたり、「非物質的な」目的に支出されたりするこうした合計金額をすべて無視する賃金論は、許容できまい。交換の循環はどうしようもなく分裂するだろう。静態的分析の全行程はけっして採用され得ないだろう。このように境界を恣意的に画定された分野に対しては、意義ある一般法則を思いつくことはできない。

　真面目な経済学者ならば、このような仕方で賃金論の範囲を定めようとすることはありそうもない。たとえ一般法則の全体——賃金論はその一部である——をそのように画定しようとしてもである。しかし、物質的厚生以外の目的を達成しようとする説明の際に、経済分析が応用可能であることを否定する試みも、確かに行われてきたのである。他ならぬキャナン教授こそ、戦争の経済学は「用語の矛盾である[12]」と主張してきた経済学者なのである。おそらく、経済学は物質的厚生の

---

(12) キャナン『一経済学者の異議』[21] p. 49。

要因に関わるもので、戦争は物質的厚生の要素ではないから、戦争は経済学の主題とはならないという理由であろう。抽象的知識が用いられるべき用途に関する道徳的判断としては、キャナン教授の非難はおそらく容認できる。しかしキャナン教授が自ら実践で示したように、経済学は近代戦をうまく実行するのに役立たないどころか、経済学なしで戦争の首謀者がやっていけるかどうか、大いに疑問であるのはあまりに明らかだ。この問題をめぐるキャナン教授の断言が、次のような書物で行われたということは、興味深い逆説である。つまり戦時体制下の社会において最も喫緊で最も複雑な多くの問題を解明するために、英語圏で出版されたどの書物よりも経済分析の道具を用いている書物なのである。

　経済学を物質的厚生の要因と関わらせて描写するのが、現在のイギリス経済学者による習慣である。この習慣は「生産性」の非物質的な定義を彼らが全員一致で採用していることを鑑みると、さらに奇異に映る。留意すべきは、アダム・スミスが、問題となる苦役が有形の物質的物体に結実するかどうかに応じて、生産的労働と不生産的労働を区別したことだ。「社会で最も尊敬された階級の一部による労働は、下僕の労働と同様に、何の価値もない非生産的労働である。労働が完了した後にも持続するような、恒久的な実体や商品として供給したり実現したりすることはない。（中略）例えば支配者は、その下に働く司法や国防の役人と共に、不生産的労働である。（中略）最も荘厳で最も重要な人々のいくらか、そして最も軽薄な職業のいくらかは、共に同様の不生産的な部類に入る。聖職者、弁護士、医者、あらゆる種類の著述業、そして俳優、道化、音楽家、オペラ歌手、オペラ舞踏家などである」。現代の経済学者——とりわけキャナン教授——はこうした生産性概念を不適切であると斥けてきた。オペラの歌手や舞踏家が需要の対象である限り、それが個人的に表明されたものであれ集団

的に表明されたものであれ、「生産的」と見なされなければならない。しかし何が生産的なのか。経営者を元気づけ、物質の生産を組織するための新しいエネルギー源を放出するゆえに、物質的厚生と言うのだろうか。このような言い方はうわべだけの道楽であり、「言葉の遊び」に陥ってしまう。その価値があるから、つまり様々な「経済主体」にとって特別な重要性を持つから、生産的なのである。アダム・スミスや重農主義者の見解から現代理論はあまりに遠ざかっているため、生産的労働という表現は物質的な物の生産にさえ——その価値がないならば——否定されている。実は、現代理論ははるかに先を進んでいる。中でもフィッシャー教授は、物質的な物から生じる所得は、究極には「非物質的な」効用として知覚されるという決定的な論証を行った[16]。召使いやオペラ歌手のサービスと同様に、家屋からも所得を得るのである。この所得は「生産の瞬間に消えてしまう」。

だが、もしそうならば、経済学は物質的厚生の要因を研究することと記述して進めていくのは誤解を招かないだろうか。オペラ舞踏家のサービスは富である。経済学はこうしたサービス、そして同様に料理人サービスの価格付けを扱うものだ。経済学の定義いかんに関わらず、物質的厚生そのものの要因に関係しているのではない。

この定義が持続することになった理由は、主に歴史的な性格によ

---

(13) 『国富論（キャナン版）』[134] p. 314／訳110-111頁（第2巻）。
(14) キャナン『生産と分配の理論［史］』[17] pp. 18-31、キャナン『経済理論の概観』[23] pp. 49-51。
(15) この反応はあまりにも行き過ぎている、と論じることさえも可能である。その欠点が何であれ、スミス的な分類は資本理論に対して——最近では、必ずしも明確に認識されているとは限らないが——1つの意義を持っているのである。タウシッグ『賃金と資本』[142] pp. 132-151を参照。
(16) フィッシャー『資本と所得の本質』[46] 第7章。

る。重農主義が最後に残す影響である。イギリスの経済学者は通常、範囲と方法の問題に関心がない。この定義が現れる場合、その十中八九はある初期の著作から無批判に引き継いだものであろう。しかしキャナン教授がこの定義を維持しているのは、もっと積極的な理由による。そこで、このように洞察力に富み鋭い知性に対して、もっともらしいと思わせた理由づけを順序よく跡づけようと試みるのは有益である。

どんな定義の根拠も、その定義が実際に使われている用途の中に見いだされるべきだろう。キャナン教授は「孤立した人間および社会に対する富の基本的条件」という論文の議論に密接に関連する形で、その定義を発展させている。そしてキャナンはまさにこの議論との関係で、何が経済学的で何がそうでないかという自分の考えを実際に述べている。この観点から経済分析を考えると、「物質主義的な」定義——こう呼んでもよかろう——は最も適切であるのは何の不思議もない、と示唆される。この点は多少詳しい弁明に値するだろう。

キャナン教授は次のように始める。まず社会から完全に孤立した人間の活動を考え、その富（つまり、物質的厚生）を決定する条件は何かを問う。このような条件下では、「経済的」と「非経済的」とに活動——物質的厚生の増加に向かう活動と、非物質的厚生の増加に向かう活動——を分けることはある程度は妥当である。もしロビンソン・クルーソーがジャガイモを掘り出すならば、物質的あるいは「経済的」な厚生を求めていることになる。もしオウムに話しかけるならば、その活動は「非経済的な」性質を帯びるだろう。ここには後に立ち返る

---

(17) これは、キャナン『富』（初版）［19］［p.19］／訳35頁における第2章の見出しである。

べき1つの難所があるのだが、この区分が──この文脈では──馬鹿げたものではないことは一見して明白である。

しかし、クルーソーが救助され、国に帰り、生活のために舞台に上がりオウムに話しかけるとするとどうだろうか。このような条件では、こうした会話は経済的な側面を持つのは確かである。自分の稼得をジャガイモ・哲学のどちらに使おうとも、クルーソーの稼得と支出は経済という本源的な範疇の観点から示しうる。

キャナン教授は交換経済の分析において、自分の定義が非常に有用であると考察するだけでは留まらない──結局は、経済的な一般法則が最大の実用性を持つのはこの交換経済の分析なのだが。その代わり、さらに進んで、全体としての社会に対する「富の根本的な条件」を考察する。そしてここでも再び、彼の定義はもっともらしくなる。つまり、社会的な活動の総体が2つの種類により分けられ得るのである。ある種の活動は物質的厚生の追求に当てられ、ある種類はそうならない。例えば、共産主義社会の執行委員会(エグゼクティブ)がある労働時間をパンの生産に費やし、別の時間をサーカスの供給に費やすのを決定している、と考えるのである。

しかしここでも、そして前に述べたクルーソー経済の場合でも、その手続きは痛烈な異論から逃れられない。キャナン教授の用語法を受け入れたとしよう。「経済的」と「非経済的」が、それぞれ物質的と非物質的な厚生に帰すと見なすことである。すると彼に従えば、物質的な目的に当てられる時間の比が大きくなればなるほど、また非物質的な目的に当てられる比率が小さくなればなるほど、社会の富は大きくなるだろう。確かにこう言えるかもしれない。しかし同様に、「経済的」という言葉を完全に通常の意味に用いて、社会にとっても個人にとっても、なお経済問題が残存することは認めねばならない。つまり、生産と余暇に関する相対的な評価や生産機会［集合］(ヴァリエーション)を

所与として、1日24時間という固定された量をいかに両者に分けるかという問題である。「経済的なこと」と「非経済的なこと」の間に決着を付けるという経済問題がいまだ存在する。生産論の主要問題の1つは、半ば、キャナン教授の定義の外側にある。

このこと自体、物質的定義を捨てるのに十分な理由ではないか。(18)

第3節　経済学の「稀少性」定義

とすると、我々はどこに向かえば良いのだろうか。絶望的な状況というわけではない。「物質主義的な」定義を批判的に考察することによって、こうした非難すべてから逃れうるある定義を定式化するように、先に進むことが可能になった。

最も単純な事例——つまりキャナン教授の用語法が不適切であると判明したことに戻ってみよう。孤立した人間が自分の時間を、実質所得の生産と余暇の享受に分割する事例である。この分割が経済的側面を持つと正当にも言って良いだろうと、今しがた検討した。この側面の本質はどこにあるだろうか。

その答えは、この分割を必要としている厳密な条件が系統的に述べられるところにある。それは3つの条件である。(19)第1に、孤立した人間は実質所得と余暇の両方を求める。第2に、自分の欲求を完全に満

---

(18) この特殊な定義については、いくつか他の争点が存在する。ベナム博士が指摘しているように（「経済的厚生」[3]『エコノミカ』1930年6月号）、厚生の全体的な概念は科学的研究の主題としては疑わしい。哲学的な観点からみると、「物資的厚生」という言葉は、非常に奇妙な構造である。「厚生の物質的原因」という言い方ならば、認められるかもしれない。しかし「物質的厚生」は、精神の様々な状態——本質的には統合されたもの——における1つの区分を含んでいるようだ。しかしながら、本章の目的のためには、こうした欠点を無視し、主たる問題に集中する方が良いと思われる。すなわち、レッテルとして定義に使えるように意図された内容を、この定義が多少なりとも示しうるのかどうかという問題である。

たすほどまでには、それぞれを十分に持っていない。第3に、自分の時間を実質所得の増加にも、余暇の増加にも使える。それゆえ孤立した人間は選択しなければならない。資源を節約(エコノマイズ)しなければならない。熟慮しようがしまいが、その行動は選択という形を取る。自分の時間と資源を処分することは、その欲望体系と関係がある。経済的側面を持つのである。

　これは経済学研究の全領域を象徴する例である。経済学者の観点からすると、人間の生存条件は3つの本源的な特徴を示す。目的[選択の対象](20)(エンズ)は多様である。複数の目的を達成するための時間や手段は、限定されていると同時に、代替的に用いることが可能である。ここで我々は無数の欲望と豊富、多数の本能的傾向を持ち、異なった行動に駆り立てられる情操溢れる生き物として存在する(21)。しかしこうした傾向が表明される時間は限られている。外界ではこうした本能的傾向が満たされる完全な機会は提供されない。人生は短い。自然はすべてを叶えてくれない。同胞は他の目標(オブジェクティブズ)を持つ。しかし我々は異なった物事のために自分の生活を使えるのであり、異なった目標を達成するために自分の資源や他人のサービスを使えるのである。

　さて、目的[選択の対象]の多様性は、それ自体では経済学者が必然的な興味を抱くとは限らない。欲望の対象が2つあり、それらに割ける時間も手段も十分にあって、他には時間も手段も割きたくない場

---

(19)　[第2版：第4の条件として、所得と余暇に対する欲望は種類が異なることが追加された。]
(20)　「目的」とは定式化されるべきものと理解されうるという意味については、次章で詳しく説明される。この章での観点からすれば、「目的」とは単に行為の対象(オブジェクト)として扱われる。行為についての予見不可能な見方を含むようには、まったく意図されていない。[第2版：この注はすべて削除。]
(21)　[第2版：「同時に、目的は異なった重要性を持つ」を挿入。]

合、私の行動は経済学の主題となるような形態を取ることは全くない。涅槃が唯一の至福とは限らない。それは単に、すべての欲求が完全に叶った状態である。

　手段の限定も、それ自体では経済現象を発生させるのに十分ではない。欲望を満たす手段に代替的用途がないならば、その手段は稀少かもしれないが、経済的に利用できない。天から降ってきたマナは稀少であったかもしれないが、それを何かと交換したり、その使用を延ばしたりができなければ、経済的側面を持つ活動の対象ではなかった。⁽²²⁾

　しかし、目的を達成する時間と手段が限られており、かつ代替的利用が可能ならば、行動は必然的に選択という形態を取る。⁽²³⁾1つの目的を達成するために時間と稀少な手段を必要とする行為はすべて、もう1つの目的を達成するためにそれらの使用を放棄することを求められる。これが経済的側面である。食物と睡眠を求めていて、自由に使える時間ではどちらもすべてを満たすことはできないとしたら、食物と睡眠という私の欲求のいくらかは、満たされないままとならざるを得ない。限られた人生において、もし私が哲学者と数学者を同時になりたいと望めば、しかし私の知識吸収力が芳しくなくて双方を完璧にこなせないならば、哲学者の能力または数学者の能力——あるは双方——に対する私の願望は、いくらか断念せざるを得ない。

---

(22)　[第2版：8行一段落分が追加され、目的（選択の対象）に順序が付けられる必要があるという条件が説明された。]
(23)　[第2版：さらに、目的は重要性に応じて順序づけられるという条件が加わった。]
(24)　以下の2つの文献を参照。シェーンフェルト『限界効用と経済計算』[128] p. 1、およびハンス・マイヤー「経済的価値計算の基本法則に関する研究」[83]『経済社会政策学会』第2巻 pp. 1-23)。[第2版：4行追加され、稀少なのは時間そのものではなく、手段としての潜在能力であるとされた。]

さて、人間の目的を達成するための手段がすべて限定されているわけではない。比較的豊富に存在するため、ある物事に特定単位を使ったからと言って、他の物事に別の単位を使えなくなる、という事態にならない物が外界には存在する。例えば、我々が呼吸する空気がこのような「自由」財である。非常に特殊な場面を除けば、我々が空気を必要としても、時間や資源の犠牲を強いることにはならない。空気一立方単位を失っても、他の用途を何ら犠牲にする必要はない。ある量の空気は、人間の行動にまったく特定の重要性を持っていない。「目的」が非常に限られているため、すべての財が「自由」財である、つまりどの財も特別な意味を持たない、という生物も考えられうる。

　しかし一般には、人間は複数の対象を目指して活動するため、上述のように時間や特定資源から独立していることはない。我々が自由に処分できる時間は限られている。1日に24時間しかない。我々は時間・資源を用いるが、その異なった使用法の中から選択しなければならない。[25]他人が我々に任せてくれるサービスも限られている。目的を達成する物質的な手段も限られている。我々は楽園から追放された。永遠の命も、欲求充足を可能にする無限の手段もない。どこを向いても、ある物事を選択すれば、他の物事——別の状況では、断念したくないと思う物——を断念しなければならない。与えられた複数の目的を満たす手段が稀少であることは、人間行動のほぼどこにでもある条件である。[26]

　ここに経済学(エコノミック・サイエンス)の主題の統一性がある。稀少な手段を処分する

---

(25) ミーゼス『社会経済』[93] p. 98、および「社会学と歴史」[95]『社会科学・社会政策雑誌』第61巻第3号、とりわけ pp. 471-484を参照。[第2版：この注はすべて削除。]
(26) [第2版：異なった重要性を持つ目的。]

人間行動による形態である。これまで論じてきた実例は、この概念に完全に合う。料理人のサービスとオペラ舞踏家のサービスは需要に比べて限られており、代替的な使用が可能である。賃金論もそっくりそのまま、この定義に包摂される。戦争の経済学も同様である。戦争を遂行するには、他の用途から稀少な財・サービスを必然的に引き抜くことになる——十分に成果を出すつもりならば。それゆえ、それは経済的側面を持つ。経済学者は稀少な手段の処分を研究する。異なった財における異なった程度の稀少性が、どのように相対評価の異なった比率を生じさせるか、そして稀少性の条件が変化すると、どのようにこの比率に影響するか、経済学者はそこに興味がある。その条件変化とは、目的あるいは手段——つまり、需要側あるいは供給側——のどちらからでも良い。経済学は、代替的用途を持つ稀少な手段(ミーンズ)と、目的(エンズ)との間にある関係性としての人間行動を研究する科学である。(27)

第4節　経済学と交換経済

この考え方に含まれる内容に留意することが、直ちに重要となる。我々が既に斥けた考え方は、経済学を物質的厚生の要因に関する研究と見なすことであった。この考えは分類的な概念とでも呼びうるものである。ある種の人間行動——物質的厚生の獲得に向かう行動——を切り取り、これを経済学の主題と称するのである。他の行為はその研究の範囲からはずされる。我々が採用した考え方は分析的な概念と呼びうる。ある種の行動を取り上げようとするのではなく、ある特定の

---

(27) 以下の5つの文献を参照。メンガー『国民経済学原理』[88] 初版、 pp.51-70 [第2章第3節] ／訳45-61頁、ミーゼス『共同経済』[93] p. 98以下、フェッター『経済原理』[41] 第1章、ストリーグル『経済的範疇と経済の組織』[139] 各所、マイヤー「経済的価値計算の基本法則に関する研究」[83]。

側面を持つ行動——稀少性によって影響されてしまう形態——に注目するのである。それゆえ、この側面を持つ限り、どんな人間行動も経済学の一般法則の範囲に入ってくることになる。ジャガイモの生産は経済行動であるが、哲学の著作物は違う、とは言わない。むしろ、どちらの活動も他に望まれた代替物を断念することを意味するならば、どちらも経済的側面を持つ、と言うのである。これ以外に、経済学の主題を限定するものはない。

しかし、ある種の学者は経済学を物質的厚生に関するものとする考えを拒絶しながら、その範囲に別の性質の制限をかけようとしている。経済学が関わる行動は本質的に社会的行動というある型——つまり個人主義的な交換経済という制度の中で起こる行動——であると主張しているのである。この見方からすると、このように限定された意味で特別に社会的ではないような行動は、経済学の主題ではないことになる。とりわけアモン教授はこの考えを発展させようとして、ほとんど無限の労苦を重ねている(29)。

さて、我々の定義が持つ広大な領域内で、経済学者は［自由主義的な］交換経済の複雑性に主な注意を向けていると、進んで認めて良いだろう。その理由は興味深い。孤立した人間の活動は、交換経済の活動と同じく、我々が熟慮しつつある限界にさらされている。しかし孤立した人間の観点からすると、経済分析は必要ない。問題の原理は、自力でじっくり考えるだけでわかる。クルーソーの行動を吟味するこ

---

(28) 分析的定義と分類的定義との区別については、アーヴィング・フィッシャー「資本の様々な意味」[45]『エコノミック・ジャーナル』第7巻 p. 213を参照。我々の定義が示唆する経済学の概念についての変化は、フィッシャー教授の定義が示唆する資本についての概念の変化に似ていることが分かる。これは、興味深いことである。アダム・スミスは、資本を富の一種と定義した。フィッシャー教授は、資本が富の一側面であると考えさせたいのであろう。

とは、もっと進んだ研究の助けとしては大いに光明を与えるだろう。しかしクルーソーの観点からすると、その吟味は明らかに範囲外である。「排他的な」共産主義社会の場合も同様である。経済学者の観点から見ると、こうした社会の現象を交換経済と比較することは、再びとても啓発的である。しかし執行委員会役員の観点から見ると、経済学の一般法則には興味がないだろう。役員の位置はクルーソーと似ている。彼らにとって、経済問題とは単に生産力をあれこれに適用するかどうかである。ミーゼス教授が示しているように、生産手段の公的な所有・制御を所与とすると、価格や費用の機能によって個人が積極性を見せたり抵抗したりすることは、定義によって排除される。それゆえ執行委員会の決定は必然的に「恣意的」となる(30)。つまり、決定は消費者や生産者の評価ではなく、自分自身の評価に基づかなければならない。これで直ちに選択の型が単純になる。価格体系の導きがないので、生産組織は最高首脳部の評価に依存せざるを得ない。貨幣経済と切り離された家父長制の荘園が、家父長の評価に依存せざるを得ないのと同様である。

しかし、交換経済ではもっと複雑な状況である。個人の決定は、その個人に対する間接的影響を超える含意を持つ。貨幣をあのようにで

---

(29) アモン教授の著書『理論経済学の対象と基礎概念』[１]を参照。その pp. 110-125／訳173-194頁および pp. 155-156／訳242-245頁で、シュンペーターおよびストリーグルに対して批判したことは、ここでの観点からは非常に重要である。その徹底的な分析に対して最大級の尊敬を払いつつも、アモン教授がこの２人の態度との相違をかなり誇張する傾向にある、という印象を私は抱かざるを得ない。

(30) ミーゼス『共同経済』[93] pp. 94-138を参照。ボリス・ブルツクス教授は『ロシア革命の観点から見たマルクス主義の教訓』[14]、および「ソ連における計画経済と市場経済」[15]（『ドイツ経済学者：年報』1931年、第32巻 pp. 1073-1074）の中で、この［価格が経済の導きとならないという］困難さがロシアという実験の様々な局面で、いかに実証されたかを十分に示している。

はなくこのように使おうという決定は、自分自身にどのような意味を持つか、完全に理解していることだろう。それにもかかわらず、この決定が「稀少性の関係」にある複合体（コンプレックス）——つまり賃金、利潤、価格、資本化の比率、生産組織——全体にどう影響するかを跡づけることは、それほど簡単ではない。それどころか、全体の把握を可能にさせる一般法則を案出するには、抽象的思考という最高度の努力が要求される。この理由で、経済分析は交換経済において最も有益なのである。孤立した経済には不必要である。共産主義社会の存在理由そのものによって、どんな一般法則からも——最も単純なものを除き——経済分析は閉め出されている。だが、社会的な関係において、個人に独立した主導権が許されている場面では、経済分析が真価を発揮するのである。

しかし交換経済において、経済分析は最も興味をそそり最も有用であると主張することと、こうした現象に経済学の主題は絞られると主張することは、完全に別物である。後者の主張は、次の２つを考察すれば正当化し得ないことが決定的に示されるだろう。第１に、交換経済以外の行動も、経済内部の行動と同様に、選択対象に対して限られた手段という条件に左右されているのは明らかである。また同一の基本的範疇に組み入れることも可能である。(31) 価値論の一般法則は交換経済における行動と同様に、孤立した人間や共産主義社会における最高責任者の行動にも適用可能である——たとえこのような文脈では、さほど啓発的ではないとしても。交換関係は技術的な付随条件である。興味を引く複雑な物事をほとんどすべて生じさせてくれるが、結局のところ、技術的な付随条件とは稀少性という主たる事実の従属に過ぎ

---

(31) ストリーグル『経済的範疇と経済の組織』［139］pp.23-28。

ない。

　第2に、こうした技術的関係の根底にある真実を探り、選択という法則——孤立した個人の行動を熟慮する時に最もよく観察される——の作用を吟味することによってのみ、交換経済それ自体の現象が説明しうるのである(32)。純粋経済学におけるこうした体系は、経済学の補助としては役立つかもしれないと、アモン教授は進んで認めているようだが、主要体系の基礎からは排除している。リカードがこの問題を議論したような仕方で、経済学の主題を定義しなければならないと仮定するからである。定義は知識の全体系を描写しなければならず、恣意的な限界を施してはならない、という見解は賞賛すべきである。しかしなぜリカードで止まるのか、という疑問は正当であろう(33)。リカード体系の不完全性は次のような事情によるとは明白ではなかったのか。つまり、市場の評価に留まり、個人の評価まで突き進まなかったという事情である。この障害を乗り越えたことは、現代の価値論が成し遂げた偉大な業績ではなかったのか(34)。

---

(32) カッセル教授がクルーソー経済学を捨てたこと（『根本的思想』[25] p. 27／訳242-245頁）は、非常に不幸だと思われる。というのも、彼が好む集産主義的国家の建設は、まさにクルーソー経済学と同一の機能を果たすことが意図されている一方で、実際には、そのような社会の執行委員会にとっては利用しえないような経済計算がそこでは可能であることが示唆されるからである。生産財に対する市場が存在しないところには、個人の評価に基づいたコスト計算も存在しない。消費財の単なる値付けが経済計算の基盤を与えると考えるのは、間違いである（ハーム『競争』[55] pp. 34-63）。さらに、希少な諸手段が代替的な用途を有するという重要性——先に強調したように——が明瞭となるのは、孤立した人の状態を考えている時のみである。いかなる類の社会経済においても、単に経済主体が多数存在するという事実があると、代替の使用用途をまったく持たない希少財が存在する可能性を見逃しやすくなる。

第5節 「物質主義的」定義と「稀少性」定義の比較

最後に、却下した定義に立ち戻り、ここで採用した定義と比較してみよう。

一見すれば、2つの定義の違いを軽視するのも可能である。目的と手段との関係として了解される人間行動を経済学の主題と見なす者。物質的厚生の要因として考える者。手段の稀少性と物質的厚生の要因——多かれ少なかれ同じことではないか。

こうした主張は粗雑な誤解に基づいている。確かに、物質の稀少性は行動を限定する一要因である。しかし我々自身の時間と他人のサービスも、同じく重要である。教師でも汚物汲み取り人でも、そのサー

---

(33) アモン『理論経済学の対象と基礎概念』[1] p. 397 [訳文なし]、 pp. 119-120／訳186-187頁でアモン教授は、前述した点を認めるまでに至ったようである。すなわち、議論になっているのは、主題の限界というよりはむしろ利益と関係している、ということである。「経済学は、売買する者それぞれが個人主義的見地からその売買という経済行為に与えているような意味を、このような経済的行為に与えはしない [ロビンズによる強調]。…まず一定の社会的な制約があることを想定して初めて、またこのような社会的な制約の見地から考察するから、財量の変動が特に錯綜して現れるのである。理論経済学の任務は、この錯綜する財量の変動を分析する点にある。」[第2版:この注はすべて削除。]

(34) 我々は上述のように、アモン教授によって提示された定義に対して、いくつかの異論を略述した。このような異論は、次のような様々な定義に対する異論の本質を示すのに十分である。すなわち、価格の観点からみた現象(ダヴェンポート)、「貨幣の尺度」に従うこと(ピグー)、または「交換の科学」(ランドリーほか)という観点からの定義である。シュンペーター教授はその著『理論経済学の本質と主要内容』[130] の中で、忘れがたいほどの巧妙さをもって、この最後の定義を擁護しようと試みた。それは、経済学(エコノミックサイエンス)と密接な関係をもつ行動のあらゆる基本的側面を、交換という形態を持つと想定することができる、と論証することによってである。これが正しいこと、さらにこの論証が、均衡理論を適切に理解するのに不可欠な、ある真理を体現しているということは、容易に認められるであろう。しかし、交換の概念を構造として一般化することと、これをこの意味において基準として用いることとは、完全に別である。交換の概念がこのような機能を持ちうるということに異論はない。しかし、それが我々の主題の究極的な本質に対して、最大限の光明を投じるかどうかについては、確かに疑問の余地がある。

ビスの稀少性はそれぞれ経済的側面を持つ。サービスは物質が発散する精神的影響力のようなもの、と主張することによってのみ、この定義を全領域に広げることができる。しかし、このやり方はひねくれているだけでなく、誤解を招く。この方法でその定義は全領域を包摂するだろうが、正しく描写することにはならない。なぜなら、欲望充足の物質的手段でさえそれに経済的な財という地位を与えるのは、その物質性ではなく、その評価との関係だからである。重要なのは、その中身というよりは、その形式である(35)。それゆえ経済学の「物質主義的な」定義は、我々が承知しているような科学を正確に述べていない(36)。しかし、その定義を当てはめてきた人々が実際に行ったことは、我々の定義にぴったり合うのである。キャナン教授による重要な一般法則の全体系で、我々の定義と両立しないものは1つもない。

　さらに、キャナン教授が自分の定義を示すために選んだ例そのものは、我々の枠組みにヨリ適合する。彼は次のように述べる。「『[哲学者F・]ベーコンはシェークスピアを書いたのか』という問いが経済問題ではないこと、ある暗号［戯曲に隠された真の作者の手がかり］が仮に普遍的に受け入れられた時に、その暗号の信者が感じる満足は経済的な欲求充足ではないこと。これらは経済学者が同意するだろう。…他方、著作権が永続していてベーコンとシェークスピアの子孫たちが、シェークスピア劇の所有権について争っているとしたら、この論争は経済的側面を持つ、というのも同意するだろう(37)」。その通

---

(35)　[第2版：「重要なのは、その技術的な中身というよりは、所与の欲望との関係性である」に変更。]
(36)　[第2版：この間に6行ほど追加。斥けるのは定義のみで、経済学者が展開してきた知識全体ではないことが強調される。]
(37)　キャナン『富』[19]（初版）、第1章。

り。しかしなぜか。著作の所有権が物質的厚生を意味するからだろうか。しかし、売り上げはすべて伝道協会に行ってしまうかもしれない。いや確かに次の場合に限って、この問題は経済的側面を持つのである。すなわち、ここで想定した著作権法があるため、需要に対して戯曲の使用が稀少になり、欲望充足の稀少な手段——そうでなければ異なる分配になるだろう——に対して、戯曲の所有者が支配権を握ることになる、という場合である。

第2章 目的と手段

第1節 はじめに

いまや経済学の主題に関して、実用的な定義を確立した。次の段階として、その含意を吟味しよう。本章では、目的と手段（エンズ・ミーンズ）の位置づけがどのように経済理論と経済史に関わっているかを論じよう。そして次章では、様々な経済的「量」の解釈を論じよう。

第2節 経済学と目的

まず目的の位置づけを取り上げよう(1)。

経済学は既に見たように、与えられた複数の目的を達成するための複数の手段が稀少であることから生じる行動の側面を扱っている。経済学は複数の目的の間では、完全に中立的ということになる。つまり、どのような目的でもその達成が稀少な手段に依存している限りは、経済学者の第一の任務と密接な関係を持つ。経済学は目的自体に関係しない。経済学では、定義可能で、また理解されうる行動を取る傾向があるという意味で、人間が複数の目的を持つと想定する(2)。また経済学では、その目標（オブジェクティブス）を達成しようとすることが、どれほど稀少な手段に左右されるか——つまり、手段に関する究極的な評価に応じて、いかに稀少な手段を処理するか——を尋ねる。

それゆえ、どんな目的でもそれ自体を「経済的」と言うのは完全に

（1） 以下の数節は、実証的科学としての経済学が意味する内容を解明することに充てられる。経済学が規範的な地位を切望すべきか否かという問題については、第4章第4節を参照せよ。

誤解を招くことは明白である。ある種の経済学者集団に広く行き渡っている「経済的な満足」を議論するという習慣は、経済分析の中心的な意図からかけ離れている。満足とは活動の最終結果と見なされなくてはならない。満足それ自体は我々が研究している活動の一部にもならない。「経済的満足」を思い描けないと主張するのは言い過ぎであろう。というのは、完全に主観的要因に依存する満足（例：夏休みを思い出すこと）からはっきりと区別された、稀少な手段を手に入れられるかを条件とする満足（例：夏休みを取ること）を描写するのはおそらく可能だからである。しかし既に見てきたように、稀少な手段はほぼすべての種類の行動にある程度は影響するほど広範なので、以上は有用な考え方ではない。そして我々の定義が主に意味するものと、確かに調和しないのであるから、完全に避けた方がよろしい。

　さらに、経済学者は特に低級な行動に没頭していると信じることも、誤った理解に基づいている、ということになる。こうした信念は経済学に対してヨリ神経質な批評家によく見られる。経済学者は目的自体を取り扱うのではない。目的の達成がどのように制限されるかを扱う。目的は高尚な場合もあれば、低俗な場合もある。それらは「物質的」であったり、「非物質的」であったりする——もし選択の対象をそのように言い表すことができるならば。しかし、もしある一連の

（2）　後に触れるのだが、このような定義は形而上学派の領域から、「目的」［選択の対象］という我々の概念を完全に取り除く。行為が統一的な目的に則るという形而上的な概念は、有効かもしれないし、無効かもしれない。経済分析では、我々はこうした究極的な姿には関与しない。行動に関する様々な傾向の中で、いわゆる定式化されている対 象 物に我々は関心がある。この定式化が集積的である場合、例えば公共支出の領域では、困難が生じるであろうというのは否定されない。この点で後に言うべきことがあるだろう。しかし今のところ、ある目的に関する我々の概念には限界があることを認識しておきさえすればよい。［第2版：この注はすべて削除。］

目的を達成することが他の犠牲を意味するならば、その時は経済的側面を持つ。

　経済分析の何たるかを知らない者の主張に満足するのではなく、経済分析が実際に適用されている範囲を考えればすぐに、以上はすべて明白となる。例えば、放蕩な社会を考えてみよう。そこでは粗野で肉感的な愉悦があり、知的な活動が「純粋に物質的なモノ」に占められているとする。こうした目的でも、それらを実現するのに利用可能な複数の手段との関係を描き出すための範疇を、経済学が提供しうるのはあまりに明白である。しかし、ラスキンやカーライルや同類の批評家が主張してきたのと異なり、経済分析がこの種の快楽に限定されるとするのは真実ではない。この非難すべき社会にサヴォナローラ(3)のような人が訪ねたとしよう。以前の目的は不快なものになる。官能の喜びは追放される。放蕩者が苦行者となる。それでも経済分析はまだ適用可能である。説明の範疇を変える必要はない。需要表が変わったというだけのことである。相対的に豊穣になったモノもあれば、稀少になったモノもある。［肉体を使う］ブドウ園の地代は下がる。聖職者の石造建築に使う石切場の地代は上がる。それだけである。祈祷と肉体的な仕事の間に時間を分配することは、放蕩と睡眠の間に時間を分配することと同様である。「貪欲者の哲学」——カーライルが侮蔑的に経済学に向けて使った言葉——はすべてを包摂することになる。

　完全な公平を期すために、これは経済学者がある程度までその不運の責めを負うべき事例だと認めざるを得ない。これまで見てきたように、経済学者は申し分なく成し遂げてきた。しかしその定義は誤解を

（3）〔訳注　フィレンツェと教会の堕落・腐敗を激しく非難した修道士（1452-1498）。市民にも質素な生活を説いた。〕

招き、批判に直面したその態度は、不必要に弁解気味であった。最近の経済学者は経済学の重要性を確信し、その第一任務が「厚生のヨリ物質的な側面」であるとも確信している。その彼らが一般的な経済理論を講義する最初で、かなり気弱に「結局、芸術家や聖人の生活にも、パンとバターは必要なのだ」と弁解せざるを得ないとさえ言われている。これは本来必要でないと思われる。同時に、単に物質的なものをやや些細なものと見なしがちな人々に対して、誤った考えを生じさせやすいだろう。それにもかかわらず、カーライルとラスキンが偉大な人々——2人は彼らをかなり不当に批判した——の遺した分析体系を吸収しようという知的な努力を進んで行っていたら、一般的な行動の解釈に関して、深遠な重要性を発見できていたであろう。たとえ2人が偉大な人々よりも良い描写ができなかったとしても、である。しかし、その批判からあまりに明らかなように、2人は決してこうした努力を行わなかった。2人はその努力を望まなかった。こうした努力をした人に誤ったことを伝える方が、ずっと容易であり、はるかに性分に合った。そして究極的な含意にまだまだ気づき始めていない科学を、誤って伝えるという機会は容易に見つけられたのである。

　経済学の名誉を毀損する人たちが、経済学は低級な行動に没頭していると非難することに、もはや何の口実も存在しないならば、経済学者が自分たちの扱える主題に関して優越性を感じる態度をとることについても、同様に言い訳することができない。我々はキャナン教授が戦争の経済学に関して、いささか逆説的な態度を取っていると留意しておいた。この点について一般的に言うと、キャナン教授は聖ペテロに従って、「主よ、われ、穢れたる物に触れしことなし」(4)と叫ぶ傾向が少しあるようだ。『富』の序章で、彼は次のようにあえて言っている。「販売と購入という基準によって、経済学は多くの財を考慮するようになった。それらは通常、経済学では扱われない財、そして扱う

のが便利とは思われない財である。有史以来、官能的な欲求充足を供給する大量の取引が存在したが、これらは経済的な財と決して見なされなかった。もし免罪符がなければ信仰や道徳に反すると見なされるはずの罪に対して、時には公然と、また常に見え透いた偽装をして、免罪符が販売されてきた。誰もこうした物を経済的な財とは見なしてこなかった(5)」。この結論は実は極めて疑わしい。倫理的に突き詰めると、売春サービスを「善」に導くものと見なすことは、他の人種と同じく経済学者もまったくないであろう。しかし、これまで使ってきた意味でこうしたサービスの稀少性を否定したり、したがって金で買った愛――一般的な分析において、金で買った著述物の価格変動を説明できるのと同等の範疇で扱える――に経済的側面があることを否定したりするのは、事実と合わないように見える。免罪符の販売に関しては、こうした納得のいく取引が経済史で占める地位は十分に確立されている。免罪符の販売は所得分配や他の財への支出額や生産の方向に影響したのか、もしくはしなかったのか。稀少性の影響を受ける行動すべてが経済学的側面を持つという結論があり、その結論がもたらす帰結から逃れてはならない。

第3節　経済学と美学

我々が光を当てようと努力してきた含意が無視されるならば、困難が生じるだろう。その困難が含まれるとても興味深い例が、サー・ジョサイア・スタンプ氏の「経済学的要素としての美学(6)」という論文

（4）［第2版：聖書からの正確な引用に変更。新約聖書・使徒言行録、第11章第8節。本来は尊い物なのに、外見や先入観に捕らわれて、近づきもしない態度。］
（5）キャナン『富』［19］初版 p. 15／訳27-28頁。

に見られる。スタンプ氏は我々の時代の美や光明の維持のために非常に尽力してきたが、田園を保存し、大昔の記念碑的建造物を保護するのに心を砕いている。(この論文のきっかけは、彼の鉄道会社が鉄道の待避線のために、ストラットフォード・ハウス——バーミンガムにある16世紀の木骨造りの建物——を壊すのを止めるという決定をしたことだった。)同時に、彼は経済学が物質的厚生に関わると信じている。それゆえ「美学への無関心は、長期的に見ると経済的生産物を減らしてしまう。美学への注目は経済的厚生を増やす」と議論せざるを得ない。これはつまり美の王国を最初に探すならば、経済的厚生がすべて加わってくるだろうということだ。そして実業界を動かしてこれが真実だと信じさせるという任務に、スタンプ氏は自分の権威すべてをかけて実直に取り組む。

　このテーマの意図に同感を寄せるのは簡単である。しかしその論理がとても説得的であるとは信じがたい。大昔の記念碑的建造物を研究し、美を観照することによって育まれる広範な関心は、知性を刺激し、神経全体に安らぎを与える。そしてその限りにおいて、こうした関心に対する機会を提供する社会は、他の「ヨリ物質的な」観点からも得るものがあるかもしれない。以上のことはスタンプ氏が主張するように、完全に真理を突いているだろう。しかしこれが必然的に起こると想定することは確かに楽観主義であり、経験からも先験的な確率からも正当化し得ない。審美的あるいは倫理的な価値を重視して物質的な享楽を拒むことは、必ずしも物質的な償いをもたらすわけではな

---

(6)　スタンプ『現代生活における経済的な要因』[138] pp. 1-25。
(7)　〔訳注　ロンドン・ミッドランド・スコティッシュ鉄道会社。〕
(8)　「…私は…経済学という言葉を、物質的厚生の獲得を取り扱う用語として用いる」(スタンプ『現代生活における経済的な要因』[138] p. 3)。
(9)　スタンプ『現代生活における経済的な要因』[138] p. 4。

い。このことは我々すべてが認識しなければならない確かな事実である。パンか百合かのいずれか、という選択の場合もある。1つの選択は他の犠牲を意味する。我々は自分の選択に満足できるかもしれないが、それは選択とはまったく言えなかった、もっとパンを得られた、と自分自身を欺くことはできない。神を愛する者にとって、物質的な善のためにすべてが調和するというのは真実でない。ゆえにこの意味で目的同士に調和を前提とするどころか、経済学はこうした選択の葛藤——人間存在における永続的な性質の1つ——を完全に考慮するのである。経済学者こそ真の悲劇作家である。

　もちろんここで起こっているのは、「物質主義的」定義に固執したため、スタンプ氏が経済学と美学は同じ物ではないことを明確に認識できなくなったことである(10)。美学はある種の目的に関わる。美学は1つの目的であり、他の目的との——言ってみれば——競合によって選択されるものである。経済学はこの種の目的とは関わらない。手段の処理に影響する限りで、目的に関わるのである。相対的評価という尺度の中で、経済学は目的を所与と置く。そして行動のある側面に関して、どのような帰結が起こるかを探究する。

　しかし、貨幣の調達を他の目的と競合するものと見なすことは可能ではないか。そしてもしそうならば、行動の「経済的」目的を正当に語ることができないだろうか——このように議論されるかもしれない。これはとても重要な問題を喚起する。金儲けが唯一の行動誘因で

---

(10) 単に公平を期すために、同じ論文の中に、この種の考慮［経済学と美学の峻別］に影響を受けているように思われる文章があると記しておこう。私はスタンプ『現代生活における経済的な要因』［138］pp. 14-16にある、消費におけるバランスについての彼の所見に、特に触れておく。言うまでもなく、スタンプ氏と私の論争は、主に提示の仕方に関わる問題である。［第2版：最後の一文のみ削除。］

あるという仮定が、経済分析でどのような役割を演ずるかに関しては、後の章まで十分な議論を延期せざるを得ない。そこでは十分に吟味するとしよう。ここではさしあたり、こうした異論は貨幣の重要性を誤解していることによる、と答えておこう。通常の意味では、金儲けとは単に販売と購買の間にある中間段階に過ぎない。サービスの販売や財産の賃貸しを通じて貨幣フローを獲得することは、それ自体では目的ではない。貨幣は明らかに、究極的な購入のための手段である。貨幣はそれ自体のためではなく、その支出先の物を得るためにある。その支出が現在の実質所得から［消費］か、将来の実質所得から［投資］かは問わない。(11)この意味で金儲けとは、すべての目的——これは購入可能な財の助けを借りて果たしうる——を達成するための手段を確保することを意味する。貨幣それ自体は明らかに単に手段に過ぎない。交換の媒介であり、計算の道具である。静学の見地からすると、社会にとって貨幣の多寡は重要ではない。個人にとって、ただ自分の究極的な目標に資する限りで、貨幣は重要である。守銭奴——心理学的には奇怪な存在——のみが貨幣を無限に貯め込むことを望む。実際、守銭奴を典型的と見なすことはほとんどないので、貨幣保有への需要を無限に大きいと見なすどころか、貨幣は次へと回すためのみに望まれると仮定することに慣れている。経済学者は貨幣保有の需要曲線が y 軸に対して平行線になると仮定する代わりに、第一次接近としては、直角双曲線の性質を持つと想定する習慣を続けてきた。(12)

---

(11)〔訳注　貨幣に対する古典的な見解。セイ法則が成立。特に貯蓄＝投資なので、将来の所得からの支出とは投資を意味する。〕

第4節　経済学と技術

それゆえ、倫理学や美学とは異なり、経済学は目的それ自体に関与しているようにはまったく考えられない。また経済学の第一任務が生産の専門的技術(テクニカルアーツ)の第一任務からも、はっきりと区別されるべきなのも同様に重要である。この論点は相当に複雑な問題を提起するので、ある程度は詳しく説明するのが望ましい。

経済学と生産の専門的技術との関係については、物質的厚生の要因を取り扱っていると考えてきた経済学者にとって、極めて難しい問題が常に示されてきた。生産の専門的技術が物質的厚生と関係するのは明白である。しかし技巧(アート)と科学を区別してみても、この差は埋めつくせない。あまりに多くの科学的知識は生産の専門的技術と密接に関連しているが、それは経済学(エコノミック・サイエンス)とはなじまない。しかしどこで線を引くべきか。サー・ウィリアム・ベヴァリッジ氏は「教養教育としての経済学」という講義で、このことをとても明瞭に述べた。「経済学のことを人間の物質的厚生に関わる科学であると言うのは、あまりに広すぎる定義である。家屋は人間の厚生に貢献し、物質的であるはずだ。しかし、家を建てる際に、屋根の素材を紙にすべきか他の材料に

---

(12)　以上すべてについては、ウィックスティード『経済学の常識』[153] pp. 155-157を参照。実質所得を入手する力〔貨幣〕の獲得それ自体が目的(オブジェクティブ)となるかもしれないということ、または、もしそうだとすれば、経済システムは様々な方法で作用しなくなるであろうということ、これらを否定するわけではない。こうした目的のいずれかに「経済的」というレッテルを貼ることは、経済分析が必然的に包含するものについて、見方を誤ってしまうことを意味する。私が主張するのは、このことだけである。経済学は、すべての目的を所与と見なす。これらの目的は、相対的評価の尺度――現代の経済分析による諸命題によって想定されている尺度――の中に自ずと「現れる」のである。
(13)　〔第2版：「所与の手段を使用する方法」が挿入される。〕
(14)　〔訳注　本文での表層的な意味は、技術と科学の違いだが、価値判断を含む技巧(アート)と中立的な科学という区別も同時に示している。〕

すべきかどうかは、経済学の問題ではなく、家屋建築の技術の問題である」[15]。「物質的厚生の要因」の前に「一般的」という言葉をはさんでみても、この困難は解消しない。経済学は技術の総計ではない。それぞれの技術からいくつかに共通する要素を選び出す試みでもない。例えば、動作研究[16]は1つの職業以上に適用可能な一般法則を生むだろう。しかし動作研究は経済学とは何の関係もない。ある種の産業心理学者が望んでいるにもかかわらず、経済学は産業心理学に取って代わりうるものではない[17]。物質的厚生の要因という形で経済学の主題を定義しそこに留まる限り、経済学と生産の専門的技術との関係は、絶望的なまでに曖昧のままに違いない。

しかし、我々が採用した定義を顧みれば、この関係は完全に明らかである。生産の専門的技巧は、異なった経済的財の相対的な稀少性に影響を与える所与の要因として、単純に一括りにできる。綿工業の技術はそれ自体、経済学の主題ではない。だが、様々な潜在的可能性を持つ所与の技術の存在は、供給に影響する他の要因とともに、綿製品へのすべての評価に対する可能な反応を左右させる。そして、その結

---

(15) ベヴァリッジ「教養教育としての経済学」[5]『エコノミカ』第1巻 p. 3。もちろん、例えば屋根をスレート（粘板岩）またはタイルのどちらにするのかという問題は、当然ながらこれら材料の相対価格に依存する。したがって、経済的側面を持つ。技術は単に、特定の範囲——この範囲内で選択が行われている——を規定するに過ぎない。本書 p. 35（訳36-37頁）を参照せよ。
(16) 〔訳注　経営の科学的管理法の1つ。労働者の工具や手順を細分化して観察し、無駄な部分を発見する試み。〕
(17) ある著名な産業心理学者が、かつて私に親切にも次のように言ってくれた。「人々が産業心理学を理解さえしていたら、経済学は必要ないであろう」。ひどく興味を覚えたので、すぐに私は外国為替の問題——これは私を困らせてきた問題である——に対する彼の解決方法を尋ねた。しかし、非常に悔しいことに何ら答えは出てこなかった。〔第2版：上記はすべて削除され、技術の非重要性をもっと強調すべきだとするナイト教授の批判が代わりに挿入された。〕

果として、人間の適応は所与の技術に影響されてしまうのだが、まさにこの適応を研究するのが経済学のなすべき仕事である。

ここまでは問題は非常に簡単である。しかし今や、ありうる誤解を取り除く必要がある。我々が採用しつつある考え方は、一見すると、浴槽のお湯とともに赤ん坊を流してしまう危険性を持つかのように見える。技術を単に所与のデータと見なすことで、経済分析が最も扱い慣れた問題をその主題から排除してしまうのではないか。というのも、生産とは技術の問題ではないか。そして生産論とは経済分析の第一任務の1つではないか。

この反論はもっともらしい。だが、むしろ完全な誤解である。最終的には払いのける必要がある誤解である。生産の専門的技術に向けている我々の態度は、生産に関する経済理論が望ましいことを排除していない。なぜなら生産構造を決める影響力は、純粋に技術的な性質ではないからである。技術が重要なのは言うまでもない。しかし技術がすべてではない。技術を適切に扱えることが、現代的な分析の利点の1つである。この点はさらなる解明に値する。今日、最も文明を脅かすことの1つは、次のような事態から生じると言っても過言ではない。つまり、自然科学の訓練を受けた人物が、経済と技術の区別を知覚できないという事態である。

孤立している人間が単位の稀少な財を処分する際の行動を考えよう。例えば、極めて限定された容量の木材ストックに関してロビンソン・クルーソーが取る行動を考えよう。ロビンソンはすべての目的に

---

(18) 過去においてそうであったように、この理論が富の統計と関係するものとしてみなされなければならないのか否かは別の問題であり、これについては次章で扱う。第3章第6節を参照。
(19) オズワルト『経済の基本概念に関する講義』[102] pp. 20-41と比較せよ。

充当しうるほどには十分な木材を持っていない。しばらくの間、このストックは取り替えがきかない。彼はどんな力に従って木材の使用法を決定するのだろうか。

　木材がある時に1つの目的で使われるのみで——あるいは、ある時に1つの目的で需要されるのみで——、かつ、ロビンソンには木材を利用する時間が十分あると仮定しよう。間違いなく、彼の効率的な使用法は、生産の専門的技術に対する知識に完全に規定されてしまう。火をおこすために一定量の木材が必要なだけならば、そして手に入る木材の供給が限られているだけならば、ロビンソンの活動は火をおこす技術の知識だけに左右される。この意味で、彼の活動は純粋に技術的である。

　しかし、もし1つ以上の目的があって木材を必要とするならば——火をおこす需要に加えて、丸木小屋の周りを囲うフェンスを作り、そのフェンスを良い状態にしておくのに木材が必要ならば——、その時は新しい問題に必然的に直面する。火をおこすのにどれほど、フェ・ン・ス・の・た・め・に・ど・れ・ほ・ど・、木材が必要かという問題である。こうした状況でも、火をおこす技術やフェンスを作る技術は重要である。しかし問題はもはや純粋に技術的ではない。あるいはもっと人間行動に即した言い方をすれば、木材の処理に影響する力はもはや純粋に技術的ではない。[20]葛藤する心理学的な牽引力の結果として行動が起こるのであり、その牽引力は所与の物質的・技術的可能性という環境の中で発揮される。技術の問題と経済の問題は、根本的に異なる。マイヤー教授が区分する際の洗練された用語を用いるならば、1つの目的と複数の

---

(20)　［第2版：ここに注が追加され、パレート流の曲線（生産機会曲線）は有用だが、消費無差別曲線にも留意するように指摘された。］

手段がある時に技術の問題が発生し、目的と手段がどちらも複数の場合には経済の問題が発生する、となる[21]。

さて既に見てきたように、我々の目的は多様であり、自由に処分できる稀少な手段のほとんどは代替的適用が可能である、というのがあるがままの世界にある性質の1つである。これは稀少な生産物だけに当てはまるものではない。究極的な生産要素にももっと良く当てはまる。多様な天然資源や労働は、ほとんど無限の目的に利用可能である。現在の消費を控えて貯蓄することによって、何回もの迂回生産過程で本源的生産要素を利用することができるようになる。そしてこの理由から、現存する技術を単に知っているだけでは、生産設備の実際の「組み合わせ」を決定できない。生産設備に関連する生産者や消費者の究極的な評価も知る必要がある。経済学者が研究している行動面は、まさに次の2つの相互作用から決定されるのである。すなわち、一方では複数の目的という所与の体系、他方では物質的・技術的可能性である[22]。

これらはすべて非常に抽象的に聞こえる。しかし我々が誰でもよく知っている事実を、いま考察している極めて根本的な問題にふさわしい程度の一般的な形で、述べているのに過ぎない。なぜ他ならぬこの財がこれこれの地域で現在あるように生産されているのか、このような具体的な疑問がある時、その答えをまず技術的内容の見地から言い表すことはしない。価格と費用の観点から我々は答える。新入生でも全員知っているように、価格と費用は相対的評価の反映であり、単に

---

(21) ハンス・マイヤー「経済的価値計算の基本法則に関する研究」[83] pp. 5-6を参照。
(22) ［第2版：5行追加され、技術によってすべて決まる世界は自由財の場合のみと指摘された。］

技術的条件の反映ではない。技術的見地からすると、極めて簡単に生産できる財があることを誰しも知っている。しかし当座、その生産は事業の対象にならない。なぜだろうか。もっともらしい価格が与えられた時、必要な費用があまりに高すぎるからである。さらになぜ費用があまりに高すぎるのか。技術が未熟だからだろうか。歴史的にはそうだろう。しかし技術が所与でも、なぜ費用が高すぎるかという根本的な問いに答えていない。その答えは経済学的考察によってのみ言い表せる。答えは次のような価格に本質的には依存する。すなわち、その生産物のもっともらしい価格と比較した際の、生産要素の支払いに必要な価格である。そしてこれは様々な考察に依存するだろう。競争的な条件では、消費者が生産要素によって生み出される財を、どのように評価するかに依存するだろう。費用が高すぎるということは、その生産要素が他で用いられれば、もっと高価値の財を生産できることを意味する。もしある生産要素の供給が独占されているならば、高い費用は次のような政策の実行を意味するに過ぎないかもしれない。つまり、独占を統制する者が、制御している生産要素のいくつかを一次的に遊休にさせている政策である。しかしいずれにせよ、技術的条件による記述が終わった所から、究極的な説明過程が始まる。

しかし、このことは考察を始めた命題に立ち戻らせることになる——ただしその意味について新しい知識を得ているのではあるが。経済学者には技術そのものに関心はない。相対的な稀少性を決定する影響力として、それに限って興味がある。嗜好という条件は相対的な評価基準の中に「現れる」のと同様に、技術という条件は生産関数の中に「現れる」。しかしここで関係は終わる。経済学は稀少な財の処分に関

---

(23) 石炭から潤滑油を生成させることは、最適な例である。

する研究である。生産の技術的側面は物体または人間の「内在的な」性質を研究する。[24]

第5節　経済理論と経済史

これまでの節で議論したことから、経済学の主題は本質的には1つの関係性であるとわかる。一方において行為へと向かう傾向として見なされる目的と、他方において技術的・社会的環境との関係性である。目的それ自体は経済学の主題の一部を成すものではない。技術的・社会的環境もそうである。経済学者にとって重要なのは、それらの関係性であって、それら自体ではない。

もしこの見解が受け入れられるならば、経済史の本質やしばしば記述的経済学と呼ばれるものの本質を深く説明することが可能になる。こうした研究部門と理論経済学の関係を明らかにして、両者が対立するありうべき原因を残らず一掃するような説明である。経済理論の本質は明らかである。目的と手段という関係における形式上の意味を研究することである。[25] 経済史の本質は同様に明らかなはずである。時を通じてこの関係が現れる内容上の実例を研究することである。経済史の説明によって「稀少性」が歴史的に顕在化する。経済理論は形式を記述し、経済史は実体を記述する。

それゆえ経済理論と同様に、経済史に関してもある事象を分類できて、こちらの部門はあなたの知識に属する主題だが、こちらは違うと言える。経済史は経済理論と同じく、内在する意図を侵害してしまえ

---

(24) 技術と経済学の関係についての一般的な問題については、ミーゼス「主観的価値論の方法について」[96]『社会政策学会論集』第183巻 pp. 83-84を参照。［第2版：この注はすべて削除。］
(25) ［第2版：「最終的なデータに関する様々な仮定を施した上で」を挿入。］

ば、ある歴史的経緯のどんな部分にもその領域を限定することができる。しかし他の歴史と同様に、経済史もこの経緯の包括的な記述を目指しているわけではない。ある種の側面を記述することに集中しているのである。経済的関係のネットワークが変化すること、つまり目的の変化や目的を実現する技術的・社会的機会集合の変化が、経済的な意味で価値にどのように影響するか、という側面である。

わずかな事例でこの点を明らかにできるだろう。例えば、かの大激変を取り上げてみよう。簡潔な表現では、宗教改革と呼ばれている事象である。宗教史の専門家にとって、宗教改革は教義や教会組織に及ぼした影響が重要である。政治史の専門家にとっては、政治的な組織

---

(26) 選択の原理なくしていかなる種類の歴史もありえない、ということについては、リッケルト『文化科学と自然科学』[118] pp. 28-60 [第5～7章] ／訳38-86頁を参照。
(27) 次の文と比較せよ。「経済史は特定の種類の事実を研究するのではなく、むしろすべての事実を特定の視点から研究するものである」(カニンガム『イギリスにおける産業と商業の成長』[33] 第1巻 p. 8)。
(28) 経済理論と経済史の関係については、ヘクシャー「経済史における理論の要請」『経済史』[61] 第1巻 pp. 525-534、クラパム『経済史の研究』[27] 各所、ミーゼス「社会学と歴史」[95]『社会科学・社会政策雑誌』第61巻 pp. 465-512を参照。経済史の本質に関する以上の叙述内容は、経済史に関する標準的な著作の中で見受けられるのだが、それらは大いなる理想像を示している、と主張するかもしれない。過去において経済史が、経済理論と同様に、それ自身から付随的な要素を取り除くことに成功しているというわけではない、と認められるかもしれない。とりわけ、ドイツ歴史学派の影響によって——言葉の意味を最大限に拡張したとしても経済史とは表現できないような——あらゆる種類の社会学的・倫理的要素を侵入させる原因となったことは明らかである。経済史と、歴史の他の側面に関する経済的——ここで「経済的」とは、先に提示された意味だが——解釈との間に、また、経済史と歴史の「経済的解釈」——ここでは歴史を唯物論的に解釈するという意味（以下の第6節を参照）——との間に、それぞれかなりの混乱があったこともまた事実である。しかしフリートウッドやアダム・スミスからクラパム教授にいたる経済史の主流は、ここで述べた解釈を誰よりも一貫して支持している。
(29) ［第2版：本文に9行挿入。経済理論家と同様に経済史家も、行為や事象が自分の領域にあると慰めることができそうだという大意。］

の変化、支配者と被支配者の新しい関係、国民国家の出現——これらは宗教改革によって引き起こされたものだ——に興味がある。文化史の専門家にとっては、芸術における形態と主題という2つの変化、そして現代的な科学的探究精神の解放に重要性を持つ。しかし経済史の専門家にとっては、財産の分配、貿易の経路、魚介類への需要、免罪符の供給、租税の負担、などの変化に主な重要性がある。経済史の専門家は、目的や手段それ自体の変化に関心はない。目的や手段にある一連の関係性に影響を与える変化にのみ興味があり、それを研究するのが彼らの職務なのである。

再び、ある生産の技術的過程を取り上げてみよう。蒸気機関の発明や鉄道輸送の発見である。この種の事象は、目的の変化と同等に、限りないほど多くの側面を持つ。技術史・風俗史・芸術史など無限な事象にとって重要である。しかし経済史の専門家には、これらの側面は——自分の興味領域において作用と反作用と持つ場合を除いて——意味を持たない。初期の蒸気機関がどのような形であるか、それが依拠する物理的原理は何であるか、これらは経済史の専門家としては何の興味もない。もっとも過去の経済史家は、こうした点に過度の興味をしばしば示してきたのだが。蒸気機関がある種の生産物や生産要素の需給に、そしてそれが使用される社会における価格や所得の構造に、ともに影響を与えたから、彼らにとって重要なのである。

そして「記述的な経済学」——現在における経済史である——の分野でも、主たる目標は常に「稀少性のある関係性」という特殊な部分を詳述することである。ただし、この目標を達成するには、しばしば非常に専門的な研究が必要になる。例えば貨幣的現象の研究では、高度な技術的・法律的性質——当座貸越の許容方法や、紙幣発行に関する法律——を持つ研究に乗り出すことをかなり強いられる。銀行家や法律家にとっては、こうした部分は注目の的である。しかし経済学者

にとっては、その正確な知識の獲得は、主たる目的に不可欠ではあるが、本質的には補助的である。その主たる目的とは、流通する貨幣供給が、ある特定の状況でどう変化するかという可能性を説明することである。この側面を持つ限りにおいてのみ、技術的・法律的側面が関心に入る。(30)

---

(30) このように考察することによって、経済研究における過度な部門主義〔セクショナリズム〕が極めて実際に危険であることが示される。近年、経済分野において部門ごとの研究が膨張してきた。我々は農業経済学・交通経済学・鉱業経済学などの研究所を有している。ゾンバルトは、Wirtschaft（英語の「経済学」に当たるドイツ語）という言葉と特別に結合する60ほどの合成語——その中には豚 Shcweine- や牛 Vieh- もある——の一覧表を示している（ゾンバルト『3つの経済学』[135] p. 17／訳22-23頁）。そして疑いもなく、部門研究はある程度は大いに利益をもたらす。応用経済学〔アプライドエコノミクス〕の領域においては、何らかの分業は不可欠である。そして後に見るように、特定産業の実態という変化しつつある背景を絶えず知らない限り、理論を具体的な状況の解釈に効果的に適用することはできない。しかし、経験が示すように、孤立して行われた部門研究は極めて重大な危険にさらされている。もし絶えず用心をするのでなければ、こうした研究では経済的関心が徐々に技術的関心に取って代わられる傾向がある。注目する焦点が変化し、技術的重要性しかない一群の一般法則が経　済　学〔エコノミック・サイエンス〕のふりをするようになる。これは致命的である。というのも、手段の稀少性はすべての目的に対して相対的なものである。このため、社会的関係をその経済的側面において左右している影響力があるのだが、この力を適切に考察するためには、必ず経済体系を全体として捉える見方をしなければならない。経済体系では、「産業」は自生しているわけではない。実際、産業の存在理由は他の産業の存在である。産業の盛衰は、経済的関係という全体的なつながりとの関連においてのみ理解されうるのである。それゆえ、ただ1つの産業または1つの職業に特化する研究は、本質的なものとの接触を失う危険に絶えずさらされているということになる。その注意は価格と費用との研究に向けられている、と思われるかもしれない。しかし、それらは単に会計職または素人技術に堕落する傾向が常にある。部門ごとの研究は興味深いかもしれないし、有益かもしれない（あるいはそうでないかもしれない）。しかし、経　済　学とはほとんど関係ない。〔第2版：ゾンバルトの例と最後の一文は削除された。8行ほどの追加で、専門的研究は知識を増やすという利点を鑑みつつ、経済学の本質を忘れるべきではないとされた。〕

第6節　歴史の唯物論的解釈

最後に、以上すべてが高名な唯物史観、あるいは歴史の「経済的」解釈とどのような関係にあるかに触れておこう。というのは、我々が採用してきた見地からすると、明瞭に認識されているとは限らないある種の区分が目に見えて区別できるからである。

経済学は「物質主義的な」定義と呼ばれるものを過去には授けられていたが、その内容は必ずしも物質主義的ではなかった、と見てきた。我々が示唆してきた定義の変更は、内容を必然的に変化させるどころか、現在の内容をもっと理解可能なものにするのに役立つに過ぎない。経済学の「物質主義」は偽りの物質主義であった。それどころか、まったく物質主義的ではない。

歴史の「経済的」解釈あるいは唯物史観に関しても、似たような状況が普及していると思われるかもしれない。ラベルを変えるだけで、この学説を経済分析の現代的な考え方にぴったりと合わせられるという考えである。しかしそうではない。なぜならば、いわゆる歴史の「経済的」解釈は単に「唯物論的」とラベルが貼られているだけでなく、実質的にも徹底的に物質主義的だからである。そこではすべての歴史事象、あるいは少なくとも主たる歴史事象は、すべて「物質主義的な」変化に帰せられる。それはこの事象が物質世界の一部だという哲学的な意味ではなく、精神的な性質は生理的変化の単なる随伴現象であるという心理学的な意味でもなく——もちろんマルクスはこれらの命題を認めるであろうが——、生産の物質的技術がすべての社会制度の型を条件づけて、社会制度のあらゆる変化は生産技術が変化した帰結に過ぎないという意味である。歴史は技術変化の随伴現象である。道具の歴史が人類の歴史なのである。[31]

さて、この学説の真偽は別として、これは確かに物質主義的であり、我々が知る経済学（エコノミック・サイエンス）から引き出したものではない。技術変化

が稀少性の関係や社会制度一般を引き起こすと主張されるだけでなく——このことは現代の経済分析に適合する命題であろう——、社会的関係におけるすべての変化が技術変化によるものであると主張される。この主張は社会学的な命題であり、経済学の一般法則が持つ限られた範囲の外側にある。目的や相対的評価の変化はすべて、生産の技術的可能性の変化によって左右されるということになる。つまりこの学説の含意は、人間の究極的な評価が技術的条件の副産物に過ぎないことである。もし技術的条件が変化したら、嗜好などが変化する。もしそれらが変化しなければ、嗜好なども変化しない。需要側に自律的な変化は何もない。どのような変化が起ころうとも、究極には、それは供給側の技術・機械の変化に帰せられる。稀少性に関して、独立した「心理学的」側面——さらに言えば「生理学的」側面——はまったく存在しない。似たような技術的環境にいる人間は、その根本的な気質——先天的であれ後天的であれ——とは関わりなく、似たような習

---

(31) この学説に対して簡潔な説明を与えることは極めて難しい。というのも、その提唱者自身が正確な定義に縛られることを許さないからである。これは驚くべきことではない。なぜならば、歴史的な因果関係に対する彼らの概念はすべて、絶望的なほどに単純で混乱しているからである。［第2版：ここまでの段落はすべて削除。］

以下で私が用いる区分は、ストリーグル博士が用いる区分と非常によく似ている（『経済的範疇と経済の組織』［139］pp. 158-161）。我々の強調点の違いは、説明する目的の相違に帰せられるであろう。ストリーグル博士は、唯物論的解釈を、彼が与件変化 Datenänderung と呼ぶものに関する原始的な理論として示そうと試みている。したがって彼は、究極的な評価の変化を考察する際に、供給側からの変化による派生物以外は拒否するという［唯物論の］欠点を軽視する傾向がある。我々が知っているような経済分析から生じる歴史のいかなる説明と、唯物論的解釈によって試みられた説明との根本的な区別を何とか示したいと思っている。このため私は、この特殊な論点を明白にするのである。私がストリーグル博士による類推の利益を疑わないのと同様に、ストリーグル博士もまた私の区分の論理に疑問を持つとは思わない。

慣や制度を発展させるであろう。以上のことは正しいかもしれないし、誤っているかもしれない。ヘーゲル的な駄弁かもしれず、または現在のところ科学的分析には許されないような深い洞察かもしれない。いずれにせよ、理論的な経済学の法則からはまったく導き出すことのできない学説である。それは人間の動機に関する因果関係についての一般的言説であり、経済学の観点からは机上の空論に過ぎない。「唯物論者」というラベルがこの学説にふさわしい。「経済的」というラベルは向いていない。経済学は歴史を解明するのに重要な手段を提供できるだろう。すべての歴史は「経済的な」見地から──「経済的」を技術面の物質と同義と見て──説明しうるという主張がある。しかし、この主張を可能にするようなものは経済分析にはいっさいない。唯物史観は歴史の経済的解釈と呼ばれるようになってきた。というのも、経済学の主題が「物質的厚生の要因」だと思われていたからである。もしそうでないと了解されれば、唯物史観は自分自身に浮き沈みがかかってくることになる。経済学はこの学説をまったく支持しない。唯物史観が主張する関係性をまったく仮定もしない。経 済 学(エコノミック・サイエンス)の観点からすると、相対的評価の変化は所与のデータである。(32)

---

(32) 経済分析を徹底的に理解すると、唯物論的解釈とは反する推定を促す、と主張されるかもしれない。技術における変化がいかに直接に需要量に影響を与えるか、ということがいったん理解されると、技術変化と需要側の自律的変化との間にいかなる必然的関連を仮定することは極めて困難となる。マルクス派の理論に対するこのような懐疑主義的な態度は、形而上学的唯物論の否定を意味するわけではない──同様に、その容認を意味するわけでもないが。それは単に、嗜好などに影響を与える要因が本質として技術的である、と信じることを否定することを意味するに過ぎない。最も非妥協的な行動主義者でさえ、この意味における技術的物質主義が人を非常に誤解させる半分の真理であると信じることに、異議を唱える必要は全然ないのである。

第3章 経済「量」の相対性

第1節 稀少性の意味

　経済学の主題となる行為の側面は、既に見てきたように、所与の目的を達成するために所与の手段が稀少であることに制約されている。それゆえ、財が稀少であるという特性(クオリティ)は、「絶対的な」特性ではないことは明らかである。稀少性とは、単にごく希に発生するという意味ではない。それは需要との関連で制約があることを意味している。良い卵は稀少である。というのは、その需要に見合うだけ行き渡るのに十分な量がないからである。しかし悪い卵は良い卵よりもはるかに少数であるが——そう願いたいのだが——、我々の意味では稀少ではなく余剰である。こうした稀少性の考え方は理論にも実際にもいくつかの含意があり、それを解明するのが本章の目的である。

第2節　経済財の概念

　上記でちょうど述べたことからわかるように、経済財の考え方は必然的に純粋に形式的である(1)。ある物が経済財の性質を帯びさせているものは人間との関係性であって、そこから離れて物自体に特質があるわけではない。あるサービスが経済的になるのは、要求を満たす目的

（1）　もちろん、どんな純粋科学の概念も、必然的に純形式的である。もし我々が、経済学の主題に関して——いま試みているように——何が本質的かを考察することから経済学を叙述する代わりに、純粋な論理から経済学を組み立てようと試みようとしているならば、これは誘導的な配慮ではあるだろう。しかし、具体的な問題を解くための装置を精査することから始め、正確な叙述の必然的結果によって、純粋な方法論が要請する期待と完全に一致する概念にいかにして我々が最後に到達するのか——これを考察することは興味深い。

との関係性であって、そこから離れてサービスの特質があるわけではない。特定の物・サービスが経済財になるかどうかは、評価体系(バリュエーションズ)との関連に完全に依存する。

そのため、富(2)はその実体としての特質ゆえに富となるのではない。富は、稀少がゆえに富なのである。ビタミンの含有やカロリーの数値から食物を定義できるのとは異なり、富を物理的に定義することはできない。富は本質的に相対的な概念である。前章で議論した禁欲の社会では、需要に比してある種の財はあまりに多く存在するかもしれないので、それらは自由財となる。厳密な意味で、富ではまったくない。似たような状況下で、放蕩な社会は「貧しい」かもしれない。つまり、寸分違わぬ財が経済財となるかもしれない。

経済的な意味で生産力を考える際にも、絶対的なもの、物理的な計算が可能なものを指す必要がない。所与の需要を満足させる力を意味しているのである。所与の需要が変化すれば、この意味での生産力も変化する。

この意味を生き生きと描いた例が、ウィストン・チャーチル氏による説明に見いだせるだろう。彼は1918年11月11日午前11時——休戦調印の瞬間——に軍需省が直面した状況を、次のように説明した。何年も尽力した結果、前例のない数量で軍需製品を世に送る体制をイギリ

（2） 富という言葉は、ここでは経済財のフローに該当するものとして用いられている。しかし、この言葉をこのような意味で用いる際には、明らかに大きな不利益があると私は考えている。もし「経済」財が増加することによって「自由」財となるのであれば、富は減少するであろう——このように主張しなければならないとしたら、非常に逆説的であろう。しかし、上記のような用法の含意としては、そのように主張していることになるだろう。このため、経済学(エコノミックス)について厳格な範囲の限定を行う際には、富という言葉は避けるべきである。ここでは単に、この前の段落におけるやや縁遠い諸命題が、日常の議論に対して持つ意味を説明するためだけに用いられているのである。

スは獲得していた。膨大な生産計画はすべての段階で完成しつつあった。突如、すべての状況が変わった。「需要」は崩壊した。軍需品は必要とされなくなった。次に何をすべきか。円滑な転換を図るために、60％以上進行している資材は完成させよという指示が発せられた、とチャーチル氏は述べている。「それゆえ戦争が終結してから数週間、我々はぽっかりと穴のあいた世界に向けて、大量の大砲やあらゆる種類の軍需物資を吐き出し続けたのである」。続けて「これは無駄であるが、おそらく深慮のある無駄であった」と加えた。最後の主張が正しいか否かは、現在の論点に無関係である。関係あるのは次のことである。その日の午前10時55分には富であり生産力であったものが、11時05分には「富でなくなり」、当惑させるものとなり、社会的な無駄の源泉となってしまった。物体の中身は変わっていない。銃砲は同一であった。機械製品の潜在的可能性は同じであった。技術者の観点からは、すべてはまったく同一であった。しかし経済学者の観点からは、すべては変わった。銃砲・爆薬・旋盤・蒸留器、すべてが著しい変貌を被った。目的(エンズ)が変わってしまったのである。手段の稀少性が異なったのである。

（3）　チャーチル『世界の危機』［26］第5巻［『大戦の余波』］pp. 33-35。
（4）　ここでの我々の手法が、キャナン教授の手順から生ずると思われる手法とどのように異なっているのかを考察することは、おそらく価値があることであろう。富を物質的厚生と定義したために、キャナン教授は論理的に、戦時中には生産が行われていなかったと主張せざるを得ないであろう。生産物は生産していたが、物質的厚生は生産されていなかったと言えるかもしれない（『経済理論の論評』［23］p. 51）——実際、このように主張することで、彼はこの困難を避けているのである。ここで採用された定義の見地からすれば、生産が行われていなかったのではなく、単に、平時と同じ需要に対して生産が行われていなかった、ということになる。いずれの見地からしても、戦時および平時の具体的統計を比較しえない、ということが明らかとなる。しかし、我々の見地からすれば、形式的な経済法則の持続性は、はるかに明確に強調されるのである。

第3節 「抽象性を誤って具体性に置き換えてしまう誤謬」

「経済的量」の相対性と呼ぶべきものに関して、これまで議論してきた命題は応用経済学の多くの問題に重要な関連性を持つ。それどころか、あまりに重要なのでここでいったん主要な議論を中断し、もっと詳しくこれらを説明する価値があるだろう。純粋理論の命題が具体的な問題の意味を理解することにどのように役立つかに関して、次の例以上の例を挙げることはできないだろう。

我々が展開してきた区分の助けを借りて、初めて満足に解けるたぐいの問題がある。この問題の顕著な例は、いわゆる大量生産の経済に関する現在の議論の中に見いだされる。現在、素人は大量生産が見事に達成したものに圧倒されている。大量生産は万能薬のようなもの──開けごま──になった。世界の驚愕の眼が西方［アメリカ］の救世主たるフォードに向いた。デトロイトのベルト・コンベアの所で最も長く呆然としていた人物が、喝采を受けて最も有能な経済学者として迎えられている。

分別ある経済学者ならば、現代文明にとって、現代の製造技術が持つ潜在的可能性を否定したい人はいないだろう。技術変化によって、相対的に貧しい人の元にも、自動車・蓄音機・無線機器が届けられた。これは驚くべき変化である。所与の目的に関してその重要性を判断する際に、我々の区分を留意しておくことは非常に需要である。その区分とは物体を単に増殖させることと、需要を充足させることであり、本章の定義によってその区分が解明される。便利な専門用語を使えば、技術の生産性と価値の生産性との区分に留意しておくことは重要である。需要と無関係にある特定の財を大量に生産することは、それがどんなに技術的に効率的であっても、「経済的」であるとは限らない。既に見たように、技術問題と経済問題には根本的な差があった。ある範囲で──もちろん、技術条件が変化すればこの範囲も変わ

る——、人間と機械の特化が技術的効率性に寄与するのは明らかと見なして良いであろう。しかし、こうした特化が「経済的」である程度は、本質的に市場の広さ——すなわち需要——に依存する[6]。小さな孤立した共同体で生産している鍛冶屋が、大量生産の経済性を確保するために、特定の馬蹄の生産のみに特化するとしたら、それは愚かであろう。ある1つのサイズの馬蹄をごく少数作ってしまった後は、他のサイズの馬蹄を生産するのに力を注ぐ方が明らかに望ましい。既に大量に作ってしまった同じサイズよりも、他のサイズはもっと緊急に需要されるからである。

それで、たいていどんな瞬間でも、他のタイプを排除してある1つのタイプを大量生産して、それが消費者の需要と合致するような量に関しては、明確な限界がある。もしこの限度の量を超えて生産されてしまえば、生産力はほかに使われていたらもっと価値が出るように財が生産できたという意味で無駄であっただけでなく、生産する当該企業にとっても財政的な損失が明確に出る。次のような考えが出てくるのは、現代思想史における逆説の1つである。複数の生産様式が不釣り合いに発展することによって、歴史上のいかなる時代よりも経済体系が大混乱に陥っている時に、技術的に可能ならばいつでもどこでも、また需要の状況と無関係に、大量生産にすれば困難が一般に解決するという素朴な信念が生じてくるという事態である[7]。これは機械崇拝による破滅のもとであり、技術者世界の知性が麻痺していることを示す。

（5）　本書 pp. 31-37／訳32-39頁を参照。
（6）　アリン・ヤング「収穫逓増と経済進歩」[159]『エコノミック・ジャーナル』第38巻、pp. 527-542。この関連で、「経済的」という言葉を用いることがいかなる意味において正しいかについては、本書第6章を参照。

技術的な可能性と経済的価値の混同——ホワイトヘッド教授の言葉を借りて「抽象性を誤って具体性に置き換えてしまう誤謬(8)」と呼べるだろう——は、現在不当に流布している固定資本の価値に関する考え方の基礎になっている。多額の貨幣が固定資本のある形態に埋没(サンク)しているので、次のような考えを好ましくないと時たま思ってしまうのである。つまり、消費者の需要が変化したり、技術的発明によってもっと利益の出る方法で消費者の所与の需要を満たせるようになったり、という場合には、その資本は破棄されなくてはならないという考えである。もし需要の充足が経済組織の基準とされるならば、この信念は完全に誤謬である。ロンドンからグラスゴーまでの列車の切符を買い、旅の途中で「マンチェスターにて所用あり」という電報を受け取った時、回収できない「埋没資本」が切符にあるからという

（7）「自国の市場を保護すること」によって望ましい集中が可能となるために、関税——これは現在、貿易を抑圧させている——に賛成するための議論として、大量生産の経済がしばしば想起される。このような想定は、我々の時代における知的生活の質を論じたコメントとして際立っている。こうした議論は、この論題に関する標準的な著作のどれにでも十分に露呈されている（例えば、ピグー『保護関税と特恵関税』[105] pp. 16-19を参照）。その論理的な脆弱さや曖昧さとは別に、こうした議論は、木を見て森を見ずということを示す好例そのものである。既に見てきたように、市場が拡大すればするほど、大量生産の経済を可能にする手段がますます多くなる。関税は必然的に市場を縮小させるため、従って、関税の増加は大量生産の経済——関税がなければ、拡大しているかもしれない——のための手段を妨げるに違いない。世界中の産業の指導者たちは貨幣的な利得の見通しに惑わされ、いっそうの大きな利潤にとっては長期的には不利となるに違いないような方策を推し進めている。小さな国家領域しかもたない住人がそれぞれ、「自国の市場を保護するために」、その他の人間との通商関係から自らを孤立させるような世界は、——現代技術によって可能となる——大規模生産という偽りのない経済を永久に成し遂げることができない世界である。しかし現在のところ、これこそ我々がみなせっせと生成させようとしている世界なのである。［第2版：この注はすべて削除。］
（8）　ホワイトヘッド『科学と近代世界』[150] p. 64／訳67頁。〔訳注　抽象的な思考を具体性のある実在だと錯誤すること。個別性・多様性を切り捨てた思考法（例：ニュートンの機械論的世界観）への批判。〕

理由だけで北への旅を続けるのは、合理的な行動ではない。なるほど確かにグラスゴーに行く権利があるという点で、その切符はまだ「技術的に有効」であろう。しかし私の目的は今や変わってしまったのである。北へ旅を続けることはもはや価値がない。それにもかかわらず続けるのは不合理であろう。ジェヴォンズが論評したように、経済学では過ぎ去ったことは永遠に過ぎ去ったことである。

　ある機械の現況を考察してみよう。この機械による生産物への需要が終息し、あるいはすべてを考慮に入れると、他の機械と同じほどの利潤が出なくなったとする。このような機械に関しても、上記とまったく同様の考察が適用できる。その機械は変化が起こる前と同様に技術的には効率的かもしれないが、その経済的な状況は異なる。もし需要・費用に関する状況変化——このためにその機械が別の機械に交代した——が予測できたならば、資源配分は違ったものになっていただろう。この意味で、無知［予測できなかったこと］による無駄について語るのも無意味ではない。しかし、いったん変化が起こってしまえば、過去に起こったことは完全に無意味である。それ以上考慮しても無駄である。所与の状況に適応することこそ問題である。主観的価値論に対する正当な批判をすべて考慮しても、その価値論がこの事実に

（9）〔訳注　ジェヴォンズ『経済学の理論』［67］p. 159。〕
（10）ピグー『厚生経済学』［107］（第3版）pp. 190-192／訳77-79（第II巻）頁と比較せよ。いわゆる輸送問題に関するほとんどの現代の議論が、こうした基本的な考慮を無視している——これはおそらく、明記しておく価値はあろう。もし、道路への国家支出を通じて自動車輸送に対する隠れた補助金があるのであれば、大蔵大臣にとって大きな問題である。道路を通る旅行を好む人々に列車で行かせようという議論に賛成しているわけではまったくない。もし我々が、現在の需要状況では利益が出ない鉄道を保存したいのであれば、鉄道に対して一昔前の記念物として補助金を与えるのがよい。
（11）〔第2版：「その場合でも困難があるのだが」が挿入された。〕

注視しているというのは、なお揺るぎない功績である。この事実は最も純粋な純理論と同様に、応用経済学にも重要なのである。

　我々が考察してきた命題が応用経済学にとってどれほど重要かを示す最後の例として、インフレーションの経済的効果に関する誤解を説明しよう。インフレ期には建設産業でしばらく異常な活況があることは、よく知られた事実である。人為的に低くされた利子率の刺激によって、非常に大規模な範囲で資本設備が整備される。新しい工場が建てられる。古い工場は設備を一新する。素人目には、こうした壮大な活況は何かしらとても魅惑的である。インフレの影響について議論する段になると、インフレはこの活況をもたらす手段になるべきという効能として見なされることも少なくない。ドイツのインフレは結局、その産業に新しい資本設備を与えた——持続している間は十分に痛々しい状況だったが——と、どれほど多く聞いただろうか。実際、F. D. グレアム教授のような権威さえ、この見解にお墨付きを与えているのである。(12)

　しかし、この見解がどれほどもっともらしく見えても、我々が議論している別の誤謬と同じく、それは粗雑な物質主義的な考え方に基礎を持つのである。なぜならば、どんな産業体制でも、最新の資本設備がただ多量にあるだけで効率的になるわけではない。その製品に対す

---

(12) グレアム『ハイパーインフレーションにおける為替・物価および生産：ドイツ1920-1923』[49] p. 320.「産出量に関する限り、インフレーションの害悪は分配の害悪とはまったく異なっていたという主張に対しては、実際の統計ではほとんど裏付けがない」。グレアム教授はその結論の中で、実際、次のように不承不承認めている——「インフレーションの後期の段階では、耐久財への投資が怪奇的な様相を呈した」。しかし、資本設備の「量」を損なうことなく、その「質」が悪化してしまうことがありうる——このように彼は思い違いをしているようだ。この例よりもヨリふさわしい「抽象性を誤って具体性に置き換えてしまう誤謬」の例はほとんど思いつかないだろう。［第2版：最後の一文が削除。］

る需要や生産要素の価格こそ効率性に関係があり、この両者を考慮してこうした設備の有利な利用が可能になる。効率性はすべての資源体系において、需要の充足がどの程度適合したかにかかっている。インフレ期に人為的な低金利によって、ある種の資本主義的な生産が拡大していく傾向にあるとしよう。そしてこの刺激が尽きてしまうと、もはや利潤が確保できる事業としては失敗するという程度まで拡大していく傾向にある、と示すことができる[13]。同時に、流動的な資源は霧散し枯渇する。不況が来ると、経済体系が暗礁に乗り上げる。つまり、固定資本は費用が高すぎるために利潤を生めないほど重荷になり、「流動資本」は相対的に不足し、金融が逼迫し利子率が高止まりしてしまう。新聞の特派員をあれほど印象づけた見事な機械群はまだそこにあるが、車軸を回しても利潤が出ない。物質はそこにある。しかし経済的な重要性を失っている。ドイツのインフレ期や安定期には、この種の考察は現実から非常に遠いと考えられたかもしれない。しかし、かの不幸な国で慢性的な「資本不足」の時期が終われば、さほど逆説とは思われなくなる[14]。

第4節　経済統計の意味

　もっと抽象的な考察に戻るときが来た。我々の定義が経済統計の意味とどう関係しているのかを、次に考察しなければならない。

　経済統計では2種類の計算方法を採用している。物理単位と価値単

---

(13)　ミーゼス『貨幣及び流通手段の理論』[94]（第2版）pp. 347-375［第3部第5章］／訳358-385頁、ハイエク『貨幣理論と景気循環』[59]、ハイエク『価格と生産』[60]、ストリーグル「信用拡大の影響下における生産」[140]『社会政策学会誌』（173巻 pp. 187-211）。
(14)　ボン『ドイツ資本主義の運命』[11] pp. 14-31を参照。［第2版：イタリア語の文献が1つ追加された。］

位である。「重量・総量」による計算か、または評価による計算である。石炭について、何トンであるか、あるいは何ポンドであるか、である。経済分析の見地からは、こうした計算にどのような意味を与えるべきだろうか。

　物理的な計算については、今まで述べてきたことで十分である。事実の記録として、物理的計算は非の打ちどころがなく、ある場合は有用であるかもしれないが、経済学者の観点からは——相対的評価を別として——何の重要性もない、という命題をさらに詳細に論じる必要はない。相対的評価が実際にある程度永続することを仮定すれば、多くの物理現象が応用経済学に直接的な影響を持つということは疑いない。しかし論理的には、これは偶発的である。こうした物理現象は相対的評価という背景に常に依存している。

　価値という見地からの計算に関する限り、別のヨリ微妙な問題が残っているので、今から明らかにしていこう。

　現代の価格理論によれば、異なった財や生産要素の価格は、相対的稀少性——換言すれば、限界的な評価——の表現である。(15)資源の初期配分を所与とすれば、市場に参加する個人は相対的評価という尺度を持っていると考えられる。そして市場における相互作用によって、こうした個人の尺度と——相対価格で表現された——市場の尺度は互い

---

(15)　価格均衡論における現代の様々な見解は根本的に異なっているという弁解は、今や十分に論破され、不要なものとなっている。モルゲンシュテルン「主観的価値論に関する3つの基礎タイプ」[101]『社会政策学会誌』(183巻1号、pp.1-42)を参照。カッセル的体系の特異点と主張されているものについては、シェムス「カッセル方程式と数学的現実理論」[127]『経済と統計：年報』(127巻 pp. 385-400)。ヴィクセル「カッセル教授の経済システム」[152]『シュモラー年鑑』(52巻、pp. 771-808)を参照。
[第2版：以上の注は削除され、代わりに「第4章第2節を見よ」となった。]

に調和する[16]。それゆえ、価格は市場に入ってきた様々な財・サービスの格付けを、貨幣額で表現したものである。それゆえどの価格も、その時にある他の価格群との関係においてのみ、重要性を持つ。独力では何の意味もない。意味があるのは、貨幣額で表された選好の順序のみである。100年も前にサミュエル・ベイリーが指摘している。「ある物体の距離を考える時は、必ず他の物体を念頭に置いている——その両者の間に距離という関係が存在するのである——ように、ある財の価値を考える時は、必ず比較すべきもう1つの財を参照している。もう1つの物と関わらなければある物の距離がそれ自体では存在しないのと同様に、もう1つの物と関わらなければとある物に価値があるとは言えない」[17]。

このことから次のように言える。本章ではここまで、連続性のために、そしてある種の明確な連想を抱かせるために、「経済量」という用語を用いてきた。しかし、この用語は非常に人を誤らせる。なるほど、価格はある財の交換に必要な貨幣量を示す。しかし重要なのは、この貨幣量と他の同じような数量との関係性なのである。そして価格体系が表現する評価は、量ではない。ある順序の配列である。相対価格という物差しによって、貨幣量以外の何かの量が測られると想定することは、無用な空論である。価値はある関係性であり、測られた量ではない[18]。

だがもしそうならば、社会的総計を作り上げるために価格や個人の所得を足していくことは、非常に限られた意味しか持たない操作とい

---

(16) この過程を完全に示したものとしては、特にウィックスティード『経済学の常識』[153] pp. 212-400を参照。
(17) ベイリー『リカード価値論の批判』[2] p. 5／訳29-30頁。

うことになる。支出された貨幣量としては、特定の価格や所得は足すことが可能で、その得られた総計は貨幣的な重要性を明確に持つ。しかし選好順序（相対的尺度）の表現としては、足すことはできない。その総計は無意味である。相互の関連のみに重要性がある。社会的な所得の推計は、貨幣理論には極めて明確な意味を持っている(19)。しかしこの点を超えては、ただ慣習的な重要性しかない。

　この結論の重みと限界を、両方とも正確に認識することが肝要である。価格を全面的に足すことは貨幣支払いの流列に過ぎないことを意味する。世界的な貨幣所得と国民的な貨幣所得という概念はともに、貨幣理論に向けてのみ、厳密な意義を持つ。前者は間接交換の一般理論と関係する概念であり、後者は貴金属の分配というリカード理論と関係する概念である。もちろんこれで慣習的な重要性を排除するわけではない。短期間では選好と資産は急激に変化しないと、そしてある種の価格変化は経済主体の大部分にとても大事だと見なされると進んで仮定するならば、無益とは言えない任意の意味がこうした総計の動きにあると見なして良いだろう。そしてこれらはみな、最良の統計学者が要求すべき推計なのだ。ここで意図しているのは、必要な仮定が

---

(18)　チュヘル『欲望論のために』[32] pp.186-216を参照。またミーゼス『貨幣及び流通手段の理論』[94] pp. 10-20（第2章）／訳12-24頁、およびナイト『危険・不確実性および利潤』[72] p. 69および p. 70（注釈）／訳123および150（注16）頁を参照。価格に必ず伴う評価の序数的性質を認識することは、非常に重要である。その重要性をいくら強調しすぎても足りない。オッカムの剃刀［実在・実質を必要以上に増やさないという思考節約の原理］ですっぱり切り離したように、それは経済分析から、心理学的な快楽主義における最後の痕跡を永久に追放する。この考えは、メンガーが価値論を主張する際に用いた Bedeutung（重要さ）という言葉の中に暗に含まれている。しかし、その考えを明白に述べ、さらに入念に仕上げた主な功績は、メンガーに続く著述家たちにある。
(19)　[第2版：「持っているかもしれない」に変更。]

本質的に恣意的な性質を持つと強調することである。こうした仮定は事実には対応せず、純粋理論の主たる範疇からは出てこない。

分配の抜本的な変化が引き起こすであろう効果を説明する際に、こうした総計の使用法をしばらく考慮することによって、以上述べたことすべての関係を見ることができる。時々、ある範囲で生じる総貨幣所得を計算しようと試み、その総計から推計して、平等主義に向かう大変化の影響を見ようとする。こうした試みで最も知られているのは、ボーレイ教授とサー・ジョサイア・スタンプ氏による推計である[20]。

さて、こうした推計が次に限られるならば、価値があり重要である。つまり、再分配に利用しうる支出能力について、最初の量を確かめることに限定する場合である。そしてもちろんこれは、推計を進めた優れた統計学者が主張してきたすべてである。しかし、この点を超えて何らかの重要性を付与するのは無駄である。なぜなら再分配という事実そのものによって、相対的評価は必然的に変化するからである。生産に用いられる機械の「集合」がすべて異なるだろう。財・サービスの流れが異なった構成になるだろう。事実、さらにもう少し問題を突き詰めれば、この種の推計が再分配によって発生する生産力の量を、ひどく過大評価するに違いないと見て取れる。なぜなら金持ちが持つ高所得のかなりの部分は、他の金持ちの存在ゆえだからである。弁護士・医者・稀少な土地の所有者などは、自分たちのサービスを高く評価してくれる高所得者の存在ゆえに、高所得を享受できる。貨幣所得を再分配すれば、関連する生産要素の技術的効率性は同じだとしても、相対的尺度による生産要素の位置関係はまったく異なるだ

---

(20) ボーレイ『産業生産物の分配』[12]、およびスタンプ『富と担税力』[137]を参照。

ろう。貨幣量と流通速度を一定とすれば、再分配による最初の帰結として、労働者階級の消費する物品が高騰するのはほぼ確実である。この結論は職業別の全数調査(センサス)から十分に明らかなのだが、貨幣計算によって実際は隠されてしまう傾向にある——この計算はしばしば悲観的だと考えられるけれども。金持ちのために実質所得を生み出している人々のうち、貧乏人のための実質所得を生み出すように転換しうる人口の比率を計算してみれば、再分配によるその増加が無視できるほどだとすぐにわかる。貨幣計算をさらに正確に行えば、さらに［この増加を］誇張することになるだろう。そして最初の不平等の程度が大きければ大きいほど、この誇張の程度も大きくなる。

第5節　時系列の意義

　価格同士を比較しようとしている。この時、もしその財の交換が可能でなければ、価格の比較は何の厳密な意味も持たない。これは選好の順序で表現された価値という考え方のさらなる帰結である。

　それゆえ、過去の異なった期間において、ある特定の財の価格を比較することは、それ自体ではさらなる重要性を持つとは限らない操作

---

(21)　〔訳注　金持ちの貯蓄（同値として投資）が減って、投資財の価格が下がる（迂回生産が有利になる）。同時に貧乏人の消費が増えて、消費財の価格が上がる。完全雇用と、ハイエク的な高次財・低次財の移転が想定されている。〕
(22)　もちろん、これは必ずしもそうであるとは限らない。もし、金持ちが自らの所得を医者や弁護士等といった高額なサービスに支出するのではなく、膨大な数の従者たち——彼らは他人の労力によって扶養されているのだが——に支出する習慣があるとする。そうであれば、貨幣所得の変化は——需要の新たな観点から見れば——多くの生産力を表す生産要素を［貧者に］譲渡することになるのかもしれない。しかし、実際にはそうではない。たとえもし金持ちが膨大な数の従者たちを実際に扶養している時でさえ、従者は自らの時間の大部分を互いに世話することに費やすのである。2人以上の従者がいる家庭で暮らしたことがある人であれば、誰もこの考察の有効性を理解するであろう。

である。去年のパンが8ペンスで今年は6ペンスという事実があっても、去年と比べて今年のパンは、稀少性が小さい［ゆえに価格が低い］とは必ずしも言えない。意義ある比較は去年の8ペンスと今年の6ペンスの間ではなく、8ペンスと他の価格との比較（去年）、そして6ペンスと他の価格との比較（今年）である。なぜなら、行動にとって意味があるのは、この関係性だからである。この関係性のみが人間による評価に一貫性のある体系をもたらす。⁽²³⁾

　一時期、「貨幣価値」の変動に対して個別の価格を修正することによって、こうした困難は克服できると考えられていた。そして各財と、当該の財を除いたすべての財との関係が不変に留まれば、そして貨幣供給とこの特定の財の需給が変わるだけならば、こうした修正は十分であると認めて良いかもしれない。つまり、当初の価格関係が

$$P_a = P_b = P_c = P_d = P_e \cdots (1)$$

であり、次期の関係が

---

(23) 以上すべてに関して、古典的な論議は今なおサミュエル・ベイリーの「異なる時期における商品の比較について」の章（『リカード価値論の批判』［2］pp. 71-93／訳86-91頁）に見られる。ベイリーは、時間にわたる見込みのある価値関係については言及しない（下記を参照）と言うほど、大げさに述べすぎている。しかし他のいずれの点については、彼の立場には議論の余地はない。そして彼の論証は、理論的分析の全範囲に見出される中で最もすばらしい分析の1つである。最も鈍感な人々でさえ、リカード『原理』の第一命題について、曖昧さを見せられると、ベイリーの絶妙な精巧さにスリルを覚えずにはいられないだろう。おそらくリカードとマルサスを攻撃したために、ベイリーの著作が無視される状態となった——これは、イギリス古典派の結束性ゆえ経済学（エコノミック・サイエンス）の進歩が阻害されることになった数少ない実害の1つであった。指数の理論は、今日ようやく誤謬から解放されつつある、と言っても過言ではない。ベイリーの主要な命題に注意しておけば、この誤謬に陥ることは実際には防げたであろう。

$$P_a = \frac{1}{2}P_b = \frac{1}{2}P_c = \frac{1}{2}P_d = \frac{1}{2}P_e \cdots \quad (2)$$

ならば、問題は単純であり、比較にはいくらか意味がある。しかしこうした関係性は補整的な偶発性が重ならないと可能ではない。これは単に他財の需要や生産条件が変わるからというだけではない。実物的であれ貨幣的であれ、想定される変化によって、特定の財と他の各財との関係において、異なった変化が生じざるを得ないからである。つまり偶発的な場合を除いて、どんな変化でも（2）式のような新しい関係性がある秩序をもたらすのではなく、むしろ別の

$$P_a = \frac{1}{2}P_b = \frac{1}{4}P_c = \frac{3}{4}P_d = P_e \cdots \quad (3)$$

といった関係性の式がもたらされるだろう。これは実物的な変化によってのみ起こると長い間認識されてきた。a に対する需要が変化したならば、b、c、d、e などへの需要も、次のような仕方で変化するのは最もありえそうにない。つまり a と b の関係は b と c の関係、c と d などの関係と同じようになる仕方である。技術の変化とともに、$P_b : P_c = P_c : P_d$ を保持するような比率で、a の生産から解放される生産要素が b、c、d、e に分配されるとは考えにくい。しかしハイエク教授がきっぱりと論証したように[24]、「貨幣的」変化にも同じことが当てはまる[25]。相対価格に異なった影響を与えないような「貨幣的」変化はほとんど考えられない。たとえそうだとしても、時間を通じた価格変化を正確に「修正する」という考えは幻想である[26]。サミュエル・ベ

---

(24) ハイエク『価格と生産』[60] の特に第3章を見よ。また、ミーゼス『貨幣及び流通手段の理論』[94] を参照のこと。[第2版：ミーゼスの部分は削除。]
(25) [第2版：「極めて初歩的な論法によって論証されるように」に変更。]

イリーの結論は未だに有効である。「ある品物が過去のある時期にある価値を有していたと言う時、他の財と何らかの価値で交換されたことを意味する。しかし2つの異なる時期の間で、ただ1つの財について表現することには応用できない」。

ここでもこの命題の限界に気づくのが重要である。そこでは異時点間の価格関係が存在し得ることを否定していない。いつでも、将来の価格を予想することは、必然的に現在の評価や価格関係に影響を与える、というのはあまりに明白である。現在の財と将来の財を交換するのは可能であり、時間を通じた価格変化で均衡への方向性を考えることは可能である。これは真実であり、重要である。しかし、現在の価格と将来の予想価格とには関連があり——そして関連がなければならないが——、現在の価格と過去の価格とには何ら関連もなければ、重要な意義を持つ関係もない。時間を通じた均衡関係という考え方はまだ仮説である。歴史を通じて与件は変化してきた。各瞬間では均衡へと向かう傾向は存在するが、刻々と過ぎる瞬間には、同じ均衡を目指

---

(26) もし3つ以上の商品があり、1つの商品と残りの商品との交換比率が同一の割合で変化しないならば、価値の変化という概念に対して正確な意味を与えることが困難になる。このことは「貨幣価値」の変化という概念に限られてはいない。以上は常にはっきりと理解されているわけではない。銑鉄の「購買力」の変化を考えるという問題は、貨幣の購買力の変化を考えることとまったく同様に、解くことはできない。両者の違いは、実用的な部分である。生産は相対的評価によって決定されるという事実があるゆえに、実用の上では、銑鉄の購買力の変化について心配をすることが不必要になっているのである。他方、あらゆる種類の理由——正しい場合もあれば、間違っている場合もある——によって、我々は「貨幣的」変化の影響について考えざるを得ない。

(27) ベイリー『リカード価値論の批判』［2］p. 72／訳81頁。

(28) ［第2版：「この命題の正確な意義について」に変更。］

(29) フェッター『経済原理』［41］p. 101以下、および pp. 235-277を参照。また、ハイエク「価格の異時点間均衡体系と「貨幣価値」の変化」［58］『世界経済記録集』（28巻 pp. 33-76）も参照のこと。

して体系が変動していくわけではない。時間を通じた価格関係には根本的な非対称性がある。将来——つまり、あたかも将来と見えるもの——は現在に影響するが、過去は関係ない。過去の影響は今や「与件」の一部に過ぎない。価値関係に関する限り、過ぎ去ったことは永遠に過ぎ去ったことである。

　ここでも集計量に関する考察と同じように、時間を通じた価格の比較や、適切に編み出された指数による価格の「修正」について、その実際的な効能や重要性を否定するわけではない。一方において応用経済学の問題のために、他方において歴史解釈のために、指数の技法が非常に価値あることに関して、深刻な疑念が挟まれているわけではない。価格総額の重要性に関して、進んで恣意的な仮定を置こうとするならば、実践にとって重要な結論が導けることを否定するものではない。強調すべきことはただ、こうした結論は純粋理論の範疇からは出てこないこと、慣習的な要素を必然的に含むこと、これである。そしてこの要素は、ある種の経験に基づくデータの不変性という仮定か、特定の価格における相対的な重要性に関する恣意的な価値判断か、どちらかに依存するのである。

第6節　「生産—分配」分析　対　均衡分析

　経済学の土題に関する我々の考え方が影響を与えるのは、経済研究の中では、経済統計の解釈だけでない。経済分析の中核部分に関する整理や詳述の仕方も、大きく変更されてしまうのだ。次の例はこの種の研究が役立つという点で興味深い。我々の一般法則の主題をもっと正確に述べようとすることから出発し、こうした法則の中で何が本質

（30）　［第2版：「大きな実践上の効用を持つ」に変更。］

的で何が付随的なのかを識別できただけでなく、次のような見解に到達した。つまり、両者にある根本的な関係にもっと大きな説得力を与えるような仕方で、一般法則を再述できたのである。これがどのように生じたかを見てみよう。

　経済学に対する伝統的な接近方法は——少なくとも英語圏の経済学者では——富の生産と分配を決定する要因を探究するという仕方で行われてきた。経済学は2つの主要部門（生産論と価値論）に分かれてきた。両部門の任務は、「総生産物」の大きさを決定する要因と、異なった生産要素や異なった人々に分配される比率を決定する要因とを説明することであった。この両者の題目には、若干異なった内容があった。価値論の位置を巡って、常に大きな問題が存在した。しかし大まかに言えば、ごく最近まで、この区分が主として経済学の本体を

---

(31)　実質所得および生計費の変化についての議論と同様、以上すべてについては、ハーバラー『物価指数の意味』[52] 各所を参照。ハーバラー博士の結論は、決定的である。"Die Wissenschaft macht sich einer Grenzüberschreitung schuldig, sie fällt ein Werturteil wenn sie die Wirtschaftsubjektebelehren will welches von zwei Naturaleinkommen das 'grössere' Realeinkommen enthalt. Darüber zu entscheiden, welches vorzuziehen ist, sind einzig und allein die Wirtschafter selbst berufen"（「もし科学が他人のために、2つの実質所得のどちらかが「より大きい」かを決めようとするならば、それは科学の必然的な限界を越えるという罪を犯している——すなわち、価値判断を述べているのである。いずれの実所得が好ましいかを決定することは、それを享受する人——即ち、経済主体としての個人——のみがなしうることである。」この［ドイツ語から英語への］翻訳は、さほど厳密ではない。というのも、"Real Income" を ＜Naturaleinkommen＞ と同等の意味で用い、そして、ドイツ語の ＜Realeinkommen＞ の代わりにフェッターの言う "Psychic income" を用いるのでなければ、＜Naturaleinkommen＞ と ＜Realeinkommen＞ というドイツ語における非常に有用な対照と同等の意味を表す英語が、まったく存在しないからである。)
(32)　［第2版：「特定の価格と特定の経済主体」に変更。］
(33)　［第2版：「均衡」という具合に、引用符が付いた。］
(34)　キャナン『生産と分配の理論史』[17] 第2章を参照。

「切り取るやり方」だったのだ。

　さて疑いもなく、この手続きは一見揺るぎない主張である。キャナン教授が主張しているように、社会政策の観点から興味がある問題は、生産と分配に関連している——少なくとも関連しているように見える。課税負担や補助金交付を熟慮するならば、次のような問題が——何を意味するか理解していようがいまいが——提起される。この手段が生産のどのような影響を及ぼすか。分配への効果は何か。過去の経済学者がこうした2つの質問に答える形で、経済学の一般法則を整理する傾向にあったのも自然である。しかし、経済学の主題に関する本質や、注視される「量」の相対性に関して述べてきたことを心に留めておけば、この観点からして、伝統的な区分には重大な欠陥があることはまったく明らかである。

　この段階では、この原則［生産と分配の二分法］によって整理された体系に、ほぼ必然的に混入してくる様々な技術的な要素が不適切であるということを詳述する必要はないだろう。いわゆる生産理論のほとんどは、信じられないほど陳腐である。シュンペーター教授と同様に、我々はみなこの事実をみてほぼ恥辱感を覚えた。こうした生産理

---

(35)　「経済学の根本的問題は、我々はみな全体としてなぜ現在のような生活をしているのか、そしてその中で、平均よりはるかに裕福な生活をしている者もいれば、はるかに悪い生活をしている者もなぜいるのか、である…。」（キャナン『富』[22] 第3版 p. v／訳1（著者序）頁）。
(36)　経済学者の一般法則がこうした問題——特に、個人の分配に関連する問題——に実際に答えたかどうかは別の問題である（キャナン『経済の展望』[18] pp. 215-253、およびキャナン『経済理論の概観』[23] pp. 284-332。さらにドールトン『所得の不平等』[34] pp. 33-158も参照のこと）。重要なのは、彼らがこの問題に答えるべきであると考えた点にある。彼らが答えなかったという事実は、経済学者やその一般法則にとって必ずしも不名誉になるものではない。個人の分配は部分的には、経済以外の諸要因によって決定されることを支持する強力な理由がある。

論は、小農経営における様々な形態、工場組織、産業心理学、技術教育などに関する退屈な議論であり、この二分法によって整理された一般理論に関する最善の著作でさえも、退屈になりがちであった。純粋に経済学的な議論に、素人の技法が入り込んでしまうような、手続きにおける潜行的な効果に気付くためには、次のような比較をしてみるだけで良い。すなわち、我々の意味での「厳密に経済的」な問題を扱っているマーシャル『原理』の第5編での見事な整理と、肥料についての優柔不断な常套句や「家庭の召使いにおける優れた本性」を扱っている第4編のほとんどとの比較である。⁽⁴⁰⁾

しかし、こうした手続きによって明確さが失われてしまうという、もっとヨリ根源的な反対がある。科学的な一般法則は、もし法則の地位を自負するならば、正確に述べることができなければならない。後の章で見るように、このことは量的な厳密性を有するという意味ではない。需要の法則があり、そこから重要な結果を導くようになるためには、数値を与える必要があるわけではない。しかし、正確に表現可能な形式的関係に需要の法則を関連させるように、我々はその法則をはっきりと述べる必要がある。

さて、既に見たように、生産総量の変化という考えには何の正確

---

(37) シュンペーター『理論経済学の本質と主要内容』[130] p. 156／訳264-265頁（上巻）を参照。
(38) マーシャル『経済学原理』[81] pp. 145-146［第4編］／訳91-92（第Ⅱ巻）頁。
(39) マーシャル『経済学原理』[81] p. 207［第4編］／訳175、注（3）（第Ⅱ巻）頁。
(40) ［第2版：「純粋に…比較である」を削除。］
(41) エッジワース『数理心理学』[38] pp. 1-6、およびカーフマン「経済学において数学的方法は何をなしうるか」『国民経済学雑誌』[69]（第2巻第5号 pp. 754-779）を参照せよ。

中身もない。望むならば、慣例的な価値をある種の指標に付加させ、生産における変化をこの指標の変化であると定義しても良い。ある種の目的にはこれが賢明であろう。しかし、この手続きには何の分析的な正当化もできない。これは経済財の概念からは出てこない。どのような要因が上記の意味での生産に影響を与えるかについての、このような経験上の一般化の類は法則の名に値しない。というのも、法則は明確な概念や関係性とに関連させないといけないからである。生産総量の変化は明確な概念ではないのである。

　実際、この意味で真に「法則」と呼びうるものは、1つも作り上げられてきていない。[42]経済学者による一般化が法則の形をとった時はいつでも、総生産物のような曖昧な概念ではなく、価格・供給・需要など完全に明確な概念と結びついていた。この点では、リカード体系はその後に発展した体系すべての原型を与えたが、この体系は厳密な量と関係性を持つ均衡へ収束する傾向を議論している。その議論が経済財の別々の型や経済財における交換比率と関係しているならば常に、経済学の一般化が科学的な法則の形をとっていたのは偶然ではない。[43]

　この理由ゆえ、近年では経済学者はますます伝統的な整理を放棄す

---

[42] 生産法則に対する最も緊密な接近法は、著名な人口の最適理論の中に具体化されている。これは、非比例的収穫——個々の要素の比例的結合における生産性の変化と関連している——という完全に明確な法則から出発するものである。そして、一定の物質的環境におけるすべての人的な要因の変化に関連して、同様の明確さを達成するかのように見える。しかし実際には、それは慣例的な仮定なしでは意味を与えることができない平均と総計という概念を持ち込んでいるのである。最適理論については、ドールトンとグレゴリーによって編集された『経済学におけるロンドン評論』*London Essays in Economics* に所収されている私の「人口の最適理論」[120]を参照。同論文の中で私は、平均することについての様々な難しさについて論じた。しかし、平均に関する諸説と明確な量に関する諸説との間にある一般的な方法論的相違の重要性を、その時は完全には理解していなかった。したがって、この点についての私の強調は、不十分なものである。

る傾向にある。我々はもはや生産や分配の変化を決定する要因を探究しない。初期データを与件として、経済的な様々な「量」の均衡条件を探究する。また、こうしたデータの変化による効果を探究する。分析の中心を生産理論と分配理論とに分割する代わりに、均衡の理論と変動の理論を持つ。経済体系を総生産物が生み出される巨大な機構と見なす代わりに、そして、この生産物を増減させる要因は何かを探究し、この生産物がどのような比率で分割されるかを探究する代わりに、我々は経済体系を人間と経済財の相互依存する――しかし概念的には分離した――一連の関係と見なすのである。こうした関係がどのような条件で一定となるか、両者の調停に向けて、目的か手段かのいずれかが変化したときの効果は何かを探究するのである。

既に見たように、こうした傾向の起源は――完全な形ではごく最近ではあるが――科学的な経済学の文献の中に、非常に初期から存在し

---

(43) 過去の手順の卓越性を強調し過ぎないことが重要である。例えば貨幣の理論は、多くの点で経済理論の中で最も発達した部門であるが、我々が疑わしいとまさに断言した類の偽りの概念――物価水準、購買力平価の変動など――を絶えず用いてきた。しかし、貨幣理論でずっとやっかいだったのは、まさにこの点である。そして、貨幣理論における最近の進歩は、こうした虚構への依存を徹底的に排除することに向けられてきたのである。
(44) 熟考されてきた均衡理論の様々な型については、ナイト『危険・不確実性および利潤』[72] p. 143注（1）／訳207, 232-234頁、ヴィクセル『経済学講義（第1巻）』[151]。また、ロビンズ「定常均衡という概念における曖昧さについて」[121]『エコノミック・ジャーナル』（第40巻158号 pp. 194-214）も参照。
(45) ［第2版：「均衡の理論と変動の理論」の代わりに、「均衡の理論、つまり比較静学の理論と動学変化の理論」へ変更。］
(46) もし私が間違っていなければ、変動の理論というタイトルがこの文脈で初めて用いられたのは、シュンペーター教授の『理論経済学の本質と主要内容』[130] p. 441［第5部以下］／訳225（下巻）頁であった。もちろん、その理論の内容はリカードよりも古い。［第2版：削除。］
(47) ［第2版：「こうした変化が時間を通じてどのように発生するか」を挿入。］

た。ケネーの『経済表』は本質的に、現在では均衡分析と呼ばれるものを利用する試みであった。そしてアダム・スミスの偉大な著作は諸国民の富に関する原因を扱うと公言し、実際、応用経済学のいかなる歴史においても非常に重要である富裕の条件という一般的な問題について、多くの所見を述べた。しかし、理論経済学の歴史からすると、スミスの著作が主に成し遂げたのは、相対価格の作用によってどのように分業が均衡状態に維持される傾向にあるかを論証する点であった。アリン・ヤングが示してきたように[48]、これは現代ローザンヌ学派の最も洗練された分析用具と調和する論証である。価値および分配の理論は古典派の分析の中核であった——彼らは別の名でその対象を隠そうと試みたかもしれないが。そして税金や補助金の効果に関する伝統理論は、常に現代の変動理論の手続き[49]と完全に一貫性がある形で表現されていたのである。それゆえ、現代理論の外観は新しいかもしれないが、その中身は古い理論において最も本質的であったことと連続的なのである。現代のやり方は初期の理論における方法論的な基礎を明示し、その手続きを一般化したものに過ぎない[50]。

　一見すると、こうした革新によって、厳格すぎるという危険を冒す

---

(48)　ヤング「収穫逓増と経済進歩」[159] pp. 540-542。
(49)　[第2版:「現代的な比較静学の手続き」に変更。]
(50)　この変化の始まりは、主観的価値論の出現にさかのぼる。価値論が費用タームで説明されていた限りでは、経済学の主題を何か社会的そして集団的なものと見なし、価格関係を単に市場現象として論ずることが可能であった。こうした市場現象が実は個人の選択の相互作用に依存していること、また、費用という用語によって社会現象は説明されたのであるが、まさに社会現象である費用が、最終的には個人の選択の反映——代替的機会の評価（ウィーザー、ダヴェンポートによる用語）——であること、この両者が理解されるにつれて、この接近法はますます不便なものとなる。この点において数理経済学者の著作は単に、現代の理論すべてに実に共通な手段をとりわけ大胆に提示したものに過ぎないのである。

のではないか——つまり問題をしっかりと解明してくれる多くの理論を、不要にするのではないか——と思われるかもしれない。こうした疑念は、新しい手続きの潜在力を知らないことから生じるのだろう。古い分析枠組みに適合するが、新しい枠組みではより明瞭に表現できないものは、ないと断言してもよろしい。唯一の差異は次にある。つまり、新しい整理の仕方のどの段階でも、我々は自らの知識における限界と含意を正確に知っている。我々が純粋分析の領域から踏み出し、応用経済学における慣例的な仮定のいくつかを採用しても、我々はまさにどこにいるかを知っている。慣例的な仮定によって途中でこっそり持ち込まれたものを、我々の基本的な前提の含意であると言い張る危険性は、決してないのである。

この手続きの利点の例として、生産組織の現代的な扱いを取り上げよう。この主題に関する過去のやり方は、絶望的なほど不十分であった。アダム・スミスから模倣された、あるいはおそらくバベッジからの数例によって説明された分業の利点に関する陳腐な一般化を少々。国民性に関する徹底的に非科学的で疑問符の付く主張が伴う、産業の「形態」や「企業家」についての極めて散漫な議論。すべては産業の地域化に関する議論で、おそらく結末を迎える。こうした議論がすべて退屈で凡庸であることを詳述する必要はない。しかし紛れもなく明白な欠点を、はっきりと述べておく方が良いだろう。経済学者の観点からすると、「組織」とは産業の——または農業の——内部的な配置の問題である。企業に対して内部ではないとしても、「その」産業にとっては少なくとも内部であろう。同時に、生産的組織すべてを左右

---

(51) ［第2版：「予想されるように、「その」産業が定義されることは滅多にない」が挿入。］

する要因——つまり価格と費用の関係性——を完全に無視する傾向にある。その関係性は、「価値」を扱う別の部門に入る。結果として、古い教科書によって教育された学生を引き継いだ教師ならば誰でも気付くように、価値理論とその夥しい改良点について広範な知識を1人の人間が持ち、利子率やそのあり得る「原因」について長々とその人がおしゃべりすることはまったく可能であった。ただしこうした人物は、生産組織において、価格・費用・利子率の演ずる根本的な役割を理解していなかったのである。

　現代的な分析ではこうしたことはあり得ない。ここでは「生産」の議論は均衡理論の不可欠な一部である。そこでは生産要素が価格と費用の作用によって、異なる財の生産の間でいかに分配されるのか、ある種の基本的な与件において、利子率や価格差が現在の生産と将来の生産の間に、どのように生産要素の分配を決めるか、が示される。これまで不愉快なほど技術的だった分業の学説は、時間を通じた移動均衡の理論における不可欠な特徴となる(52)。「内部」の組織や経営という問題でさえ、相対価格や費用という外部のネットワークに関連するようになる。これが物事の実際であるから、純粋理論において一見しては非常に遠かったものが、実際には我々をさらに現実に近づけてくれるものなのである。

---

(52) 最もすぐれた議論は、ヴィクセル『経済学講義（第1巻）』[151] pp. 158-290／訳221-385頁と、『国家諸科学辞典』[84]（ウィーザー他編）の中の「生産」 *Produktion*（ハンス・マイヤー執筆）に見出すことができる。

第4章　経済学の一般法則における本質

第1節　はじめに

　我々は今や経済学の主題とそこに関連する根本的な概念を十分に議論した。しかし、我々はまだそうした概念と結び付いている一般法則の本質について議論していない。経済法則の本質や起源についても議論していない。それゆえ、これが本章の目的となる。これを完了すれば、第2の主要な課題、つまりこの一般法則という体系の限界と意義を調べることに進む準備ができたことになる。

第2節　経済法則の起源⁽¹⁾

　あるがままの経済学を調査し、それに基づいて結論に到達するのが本書の目的である。経済学はいかに追究されるべきかを議論することが目的なのではない。この論争は分別ある人々には既に解決済みかもしれないが、後についでに触れることになるだろう⁽²⁾。むしろ、経済学が既に達成した結果に、どのような重要性を付与すべきかが目的なのである。ゆえに、探究を始めるに当たって、経済学の主題という純粋な範疇から、経済的な一般法則における本質を引き出そうとするのではなく、典型的な標本から始めること⁽⁴⁾は便宜となろう。

　自由な市場において、市場価格を下回る所で外部の主体が価格を固

（1）［第2版：「経済分析の基礎」に変更。］
（2）　本書の第5章第3節を参照せよ。
（3）　実質的に同様な結論へと達するこのような導出の例としては、ストリーグル『経済的範疇と経済の組織』［139］p. 121以下を参照。
（4）［第2版：「現存する分析本体から取られた標本を説明することから始めること」に変更。］

定しようと介入すると、超過需要がもたらされることは、初歩の価格理論にあるよく知られた通則である。この命題は通常、政治家や大衆紙の書き手には無視されているが、実際にはあまりにもしばしば主張されてきた。それゆえ「あからさまな常識」——経験によって、うわべの証拠を純朴に受け入れること——の見地からしても、その有効性についてはほとんど疑義がない。しかし、この命題は何に基づいて成立しているのだろうか。

　この命題が歴史に訴えかけるのを基礎としているはずがないということを示すのに、多くの時間を割く必要はない。ある現象がしばしば随伴すれば、解かれるべき問題を暗示するかもしれない。しかし、それ自体では明確な因果関係という意味を含むことはできないのである。相対的に自由な市場で、最高価格を固定してしまった時はいつでも、脱税行為や分配上の大混乱が起こったのである。先の大戦やフランス革命の時に起こった食糧を手に入れるための行列を連想させる混乱であった。しかしこれは根源的な意味では、2つの現象が因果的に関連しているとは証明できない。またその将来における関係を予測す

（5）　もし本書の読者がこうした事実の証拠について何らかの疑問を持つならば、このような方策を採った最近におけるイギリスの実験に関する標準的著作——ベヴァリッジ『イギリスの食糧制御』［6］——を参照すべきである。現在の恐慌において、専門家が満場一致で反対しても、暴利禁止法（21 and 22 Geo. V., Cap.51, ［1931］）が導入されるのを防げなかった。省庁の各部署——ここで専門的知識を管理してきたのである——で専門家の知識が、この法律を空文どころではなく実効性のある内容になるのを防いできたと推測されるかもしれないが。以上のことは、記しておく価値がある。［第2版：「現在の恐慌」以下は削除。］
（6）　［第2版：この段落はすべて改訂された。一般的な価値論は学派の違いにもかかわらず、既に確立されたという内容。］
（7）　［第2版：価値論で仮定された条件が実際に存在していたとしたら、必ず演繹された結果が生じてきた、という一文がこの後に追加された。］
（8）　［第2版：「ロシア革命」も追加。］

るための着実な基盤もまったく提供しない。根源的な関連を示す合理的な理由がなければ、歴史は「繰り返す」と言うべき十分な理由もない。というのは、初等論理学と同様に、歴史によって示される1つの物事があるとすれば、分析的判断を伴っていないような歴史的帰納は、予言の基礎としては最悪になりうるからである。社交場で退屈な人が「歴史によれば」と話し出す。そうすると我々はあり得ないような予測に身を任せてしまう。こうした種類のあらゆる主張を拒絶してきたのが、現代的な歴史哲学の偉大な功績の1つである。実際、歴史は法則を導く抽象化の手続きを取らない点が、歴史と自然科学を分ける根源的な区別なのである。

　我々の信念が経済統制という試みの結果に依存しないというのは、同等に明らかである。上述の特別な命題［価格統制の非効率性］が1度ならず、政府介入という結果によって例証されてきたのはまったくの事実である。この政府介入は、経済統制という試みの条件といくぶん似ているとされる条件下で実行されていた。こうした実験の結果は——我々が説明している命題と同等に——普遍的な命題であると正

（9）「政治学上の信頼しうる方法は、ベーコン的帰納法の方法——真の手引きは一般的な推理ではなく、特定の経験——である。このような通俗的な考え方は、この観念が承認されているどの時代においても、その思弁能力が低い状態にあることを示す最も明瞭な指標の1つとして、いつか引用されるであろう。…この種の議論を利用している人は誰でも…より易しい自然科学の初歩一つの要素を習得すべきである。このような推論をする人々は、原因の複数性という事実を——まさにその最も顕著な例を与える場合に——無視している」（ミル『論理学体系』[90] 第10章第8節／訳298-299（第3巻）頁）。
（10）　リッケルト『文化科学と自然科学』[118] pp. 78-101 [第10章]／訳113-147頁、リッケルト『自然科学の概念形成における限界』[117] 各所、また、ウェーバー『社会科学方法論』[147] 各所、を参照。
（11）　[第2版：「一般的な価値論の中心命題は言うまでもなく、このように広範に適用可能な命題」に変更。]

当化すると考えるのは、あまりに表層的である。確かにこの種の事実によって立つ経済的な一般法則は、非常に脆弱である。しかし、経済統制という多数の試みに基づく信念よりも、こうした一般法則や別の命題に関する信念の方がより完全である。

さて、一般命題は何に依存するのだろうか。(12)

既に確立している議論をもっとよく見てみよう。均衡点以下に固定された価格は超過需要をもたらすはずであるという命題は、一般的な価格理論から単純に引き出せる結果である。この理論によれば、均衡価格というのは、利用可能な供給に需要が制限されるような価格と見なされなければならない。ここよりも価格が低ければ、単に必要とされる制限が効果的ではなくなる、ということになる。もっと高い価格で排除されたはずの需要が増えてしまい、不均衡が発生するだろう。

しかし、需要と供給が一致するような価格で排除されるべき需要が存在する、となぜ仮定すべきなのだろうか。これは価格が必ず存在するという事実からくる。利用可能な供給を越える需要がなければ、そして関連する生産要素について代替的な用途がなければ、価格は存在しないだろう。この財は需要との関連では、稀少でないのである。こ(13)

---

(12) ［第2版：以下、第2節終わりまでの2頁分がすべて削除され、4頁以上にわたって別の説明に置き換えられた。主な内容として、ごく少数の経験に即した仮定から経済理論の体系が構成されるという主張がある。また、①価格理論は選好の完備性（すべての財に対して好みを選択できること）を、②生産理論は生産要素が2つ以上存在することを、③動学理論は確率が付与されたという意味の不確実性で将来の稀少性を判断することを、それぞれ主な仮定としている。この記述でJ.ロビンソンやF.ナイトが新しい文献として挙がっている。］
(13) 以下のようなケースを説明する際には、修正的な条項が必要である。それは、需要曲線がy軸と平行になるが、費用要因が移動可能なために、効力がある需要の極限まで供給が続く場合である。このケースは第3段落を一般化することによって、明白に扱われる。財が再生可能ならば、生産要素の稀少性は本質的である。

れは経済財ではまったくない。自由財である。

それゆえ、最後の分析において、我々の議論はある推論に依存する。それは全体としての経済学の主題における当初の定義では暗黙裏であった。経済学は、代替的な利用を持つ稀少な財を処分することに関わる。これが我々の基本的な概念である。そしてこの概念から、現代的な価格理論の複雑な構造すべてを引き出すことができる。財は稀少で、代替的な利用法を持つというのが、真相である。経済分析はそこにある多様な含みを明らかにするのである。

現代理論の専門用語に慣れている人にはヨリ説得力がある——しかし外見上は大げさな——方式で、同じ事が表現されうる。均衡価格以下のある価格で固定すると、必然的に超過需要が発生するという命題は、価格が減少するとともに需要が増えるという需要曲線——解析幾何学の用語で言うと、右下がりの需要曲線——を仮定している。しかしよく知られているように、今やこの仮定は相対的な評価という個人の尺度、つまり供給が増えるにつれて限界的な重要性が逓減することを意味する。しかしさらに、これは財——これは用途との関係では稀少であり、その財を使って用途ができあがる——の概念の中に暗黙裏に含まれているものである。ある財が経済財に留まる限り、財そのものか、その財を作る生産要素のどちらでも、それらをある特定の方法で使用することを断念されなければならないと仮定することは、単にあの階層的な使用法——この階層は限界効用逓減の法則の多様な応用を基礎付けている——を意味しているのに過ぎない(14)。

第3節　費用理論と貨幣論(15)

いま説明してきた例は最も単純な仕事であった。しかし、分析的な経済学の全範囲を見ても典型的な例なのである。需要に対して稀少であるという財の基本的概念から、我々は尺度や関数という考えを引き

出せる。この尺度や関数は、異なる個人によってその財に与えられた相対的な評価を表すのである。そうして我々は技術的・法的条件に関する様々な推測を行う。こうした条件の下で、生産や交換が可能になる。そして一方で色々な環境において均衡条件は何か、他方で所与データが変更された時の影響は何か、を説明する。分析面では、経済学は時間と物質の稀少性という根源的な概念から導かれた一連の推論となる。

このように判断した理由をもう少し説明するだけの価値はある。この過去半世紀に発展した理論によって、上記のように述べた方向で分析的な経済学を統一させるのに成功してきた、という事実が常に認識されているとは限らないからである。そして一見すると、この状態は逆説的かもしれない。分析的経済学はこのような形で、意識的に生成したのではない。極めて実践的な問題に実際的な答えを与えようという試みから起こった。多様な解決法の中に、我々が特定してきたような共通要素を見つけ出すことができたのは、長い発展過程を経た後の

---

(14) 様々な財の相対的な限界的重要性の尺度 scales という概念については、特にウィックスティード『経済学の常識』[153] pp. 1-125、ローゼンシュタイン-ロダン「限界効用」[126]『国民諸科学辞典』第4巻 pp. 1190-1223を参照（この論考はそれ自体、限界効用理論の文献にまったく見劣りしない追加となるが、この論題に関して非常に貴重な文献一覧表を含んでいる）。ヴァイナー「価値理論における効用概念とその危機」[146]『ジャーナル・オブ・ポリティカル・エコノミー』(第33巻 pp. 369-387)、および、ナイト『危険・不確実性および利潤』[72] pp. 51-93 [第3章] ／訳107-154頁も参照のこと。尺度とは、個人の尺度であることに注意すべきである。この尺度は、個人を越えた集団的効用の仮定を含んでいない。本書の第6章第2節を参照。
(15) [第2版：第3節はすべて削除され、「経済法則と「歴史的相対性」」という節題のもと、内容も変更された（元の第7節に「歴史的相対性」という用語は残っている）。経済学の一般法則は、歴史学派の主張とは異なり、通念よりもはるかに普遍的な汎用性があるという主張。]

ことであった。現在でさえ、一般理論を組み立てる際に、無用な折衷主義によって台無しになってしまう。限界分析の中で、我々が完璧に統一された経済理論の基盤を持つということが完全に明瞭にならなければ、こうした分析の奥にある重要性はまったく理解されてきていない、と言った方が良い。

　我々が明らかにすべき事柄の好例は、費用法則に見られる。競争条件において均衡では、財の価格は単位当たりの生産費用に等しい。ここで生産費用とは、当然にマーシャルが管理費用と呼んだもの(16)を含んでいる。我々が詳述してきた基本概念からすると、ここからどうなるだろうか。

　ごく最近まで、この関係は理解されてこなかった。古典派体系では、生産費用は——貨幣的と対になっている「実物的」な費用の意味では——何か究極的なものとして明らかにされる傾向にあった。分析を進めるために、財が２つの範疇に分かれるとしよう。１つはその価値が稀少性によって決定される財であり、もう１つは生産費用——労働費用という意味か、労働と節欲という意味のいずれか——によって決定される財とする(17)。ある意味で、需要の役割は決定的である。別の意味で、上記のいずれかの意味における生産費用の役割も決定的である。そして現代でも、供給側に働く心理的要因は、需要側に働く諸力からはまったく異なっていると思われてきた。限界効用と生産費用——これらはマーシャルにおける著名な「ハサミにおける上下の刃(18)」である。

　この二重性を除去したことが、ウィーザーとその弟子たちが成し遂げた偉業である(19)。所与の財を生産する費用は、２種類の支出(アウトレイ)に区分さ

---

(16)〔訳注　マーシャル『経済学原理』[81] p. 396／訳96（第III巻）頁。〕

れる。当該の財を生産するのに特化された——つまり他財の生産には向かわない——生産要素（特定要素）への支出と、それほどは特化されていない生産要素（非特定要素）への支出である。さて、特定要素への支出に関する限り、そうした要素の稀少性——ゆえにその価格——は、その生産物の稀少性から出てくる。特別な説明原理は必要ではない。しかし非特定要素への支出に関する限り、一見すると、需要条件とは独立に価格が決まるようである。そして問題としている特定の生産物への需要条件から、ある程度その価格は独立と考えられる、

---

(17) 例えばリカード『経済学および課税の原理』[115]（マカロック版）p. 9／訳17-18頁を参照。最良の古典派でも需給および生産費用を、別個の説明原理と見なしてきたという言明は、古典派に対するある種の批評家たちが断言してきたように、事実ではない。『マルサス経済学原理評注』[116] の中でリカードは、生産費用は供給を限定させる影響を与えるものであると自分は理解している、と極めて明確にしている。（「マルサス氏は問題を誤解している。——商品の価値は追加的供給とは無関係に常にその自然価格に従う、と私は言っているのではない。生産費用は供給を規制し、従って価格を規制するのである、と言っているのである。」[p. 21[全集版第 2 巻 pp. 48-49]／訳64-65頁]）。フランシス・オーナーは、『エディンバラ・レビュー』誌（vol. ii, 1803, pp. 437-450）に所収されたカナルの「経済学原理」に対する書評 [65] の中で、どの現代の時代でも提起されてきたように、次のように問題を提起した。「この原理（すなわち、費用原理）を交換可能な価値に導入する適切な方法は、全体の価格を構成させるもの、あるいは全体の価格に対する適切な尺度を形成させるものとして、労働価値を定めたことではない。労働価値を、各商品の最終的な供給を制限する条件として再検討することである」(p. 437)。
(18) 〔訳注　マーシャル『経済学原理』[81] p. 348／訳36（第 III 巻）頁。〕
(19) ウィーザー『経済価値の起原と主要法則』[154] pp. 146-170、ウィーザー『自然価値論』[156] pp. 171-214。また、若い時代の作品ではあるが、『論文集』に所収された「価値に対する費用の比率について」[157] pp. 377-404も参照。この領域においてウィーザーが成し遂げたことの重要性については、マイヤー「ウィーザー追憶」[85]『経済社会政策会誌』第 5 巻 p. 636を参照。ウィックスティードの『経済学の常識』[153] には、一般均衡理論における費用の現代的法則について、広範囲にわたって記述されている。ハーバラー博士の「比較費用の理論とその評価」[53]『世界経済会報』第31巻 p. 349では、この法則を国際的均衡の特別な場合に拡大することについて、書かれている。

ということも完全にその通りだろう。しかし、他財の評価と独立に、ある財の評価を考えるのが不当であるように、生産要素の有用性を評価することを、生産の一方向における需要を経由してすべて使い尽くすと見なすことは不当である。いったんこのことを理解すれば、残りは簡単である。所与の生産ラインにおいて、所与の生産要素に支払われる価格を、その他の姿ではなく、現実の姿に決定している要因は何か。明らかに、この生産ラインにおける需要は供給と関連している。しかしなぜこのラインにある要素の供給は、現在あるようなものに限定されているのだろうか。なぜ供給すべてがこの生産ラインに向いていないのだろうか。どこか別の場所で作られるような稀少な生産物に対する需要が確実にある。1つのラインにおけるその価格は、それゆえ他のラインにおいて表現された価格に依存する。最終的に、主観的な評価は生産物価格と同様に、費用を支配する。

　生産要素の総供給が一定であるという仮定がないと、こうした統一性は不可能であると、時に異議が申し立てられてきた。供給が動くと仮定すれば、実物費用という概念が今一度、独立した説明原理として入ってくると主張されるのである。1890年代、エッジワースはこの見解を強力に支持した[20]。今日では、この見解の最も著名な提唱者はD. H. ロバートソン氏である[21]。

　この異議はもっともらしい。初期のオーストリア学派が投げかけた議論の様相とは異なり、ある程度この異議は有効であると認めても良

---

(20) エッジワース「価値の最終水準に関するベーム=バヴェルク」[40]『経済学に関する論文集』(第3巻, pp. 59-64) を参照。
(21) ロバートソン『経済学断章』[124] p. 21を参照。この主題に対するロバートソン氏の明白な説明は、じれったいほどに簡潔である。しかし、私は次のように確信をしている。実物費用という概念に対する信頼が、彼の最も特徴的な著作の多くを特徴付けている、と言うことが不公平であると彼は見なさないであろうと。

いだろう。説明上の便宜により、ウィーザーとベーム-バヴェルクは生産要素の総供給が固定されるという仮説に頼ってきた。他方、マーシャルやエッジワースといった反対者は常に、その供給は可変的であるという仮定から手続きを進めたのである[22]。しかし、広範な仮定から始めるとしても、ウィーザーの命題はまだ有効である。労働の総供給は、労働と余暇に関する相対的な評価に依存する。資本供給は、現在の所得と将来の所得に関する相対的な評価に左右される。定常状態における複雑な相互関係はすべて、パレートが呼ぶところの「嗜好と障壁の均衡」に帰着する。一方で、我々は相対的評価の尺度を持つ[23]。他方で、生産技術や物的設備・人的知識は所与である[24]。

再び貨幣理論を取り上げよう。貨幣とは、静態条件においてその絶対量が経済主体の行動に何の重大な影響を与えないような財である。それゆえ長年に渡って、貨幣理論の根本原理は非貨幣的分析に関係する原理とは種類が異なると思われていた。貨幣の価値は、価値の一般理論に関係する言葉とはまったく異なった用語で説明された。貨幣の総量は、その貨幣に交換される財・サービスの総量と対置された。所与の期間で単位当たりの貨幣価値は、貨幣量に流通速度を掛けて取引

---

(22) ここに含まれる仮定の相違について、ヨリ豊穣で明瞭な説明は、ロビンズ「定常均衡という概念におけるある種の曖昧さについて」[121]『エコノミック・ジャーナル』(第40巻 pp. 194-214) を参照のこと。またロビンズ「フィリップ・ウィックスティードの経済学著作」[122]『エコノミカ』(1930年12月号、pp. 253-256) も参照せよ。
(23) 〔訳注 ある財への嗜好が強ければ強いほど、またそれを獲得しにくければしにくいほど、その価値や価格は上昇するという主観的な価値論。〕
(24) ヨリ洗練された分析の様式を成し遂げる際には、極めてしばしば、都合よく数学言語に頼る、と容易に観察される。記号を用いる理論と、言葉で満たされた理論。これら2つの間には、論理的違いは存在しない。どちらを選択するかは、ただ利便性の問題である。カーフマン「経済学において数学的方法は何をなしうるか」[69]『国民経済学雑誌』(第2巻第5号 pp. 754-779) を参照。

量で割る値で決定された。世に知られた交換方程式 MV/T=P である。

　純粋に形式的な側面からは、この手続きは明らかに有効である。MV は PT に必ず等しい。2つは異なった方法で述べられたが、同じ数量に過ぎないからである。⁽²⁵⁾同義反復であるが、ある種の問題を議論するのに重要であるのは疑いない。確かに、昔ながらの貨幣数量説には実利があり、その利益を過小評価すべきではない。

　しかし交換方程式には、交換中の他財と計算単位との交換比率を説明するものはない。個人の行動と関係づけるものもない。一見すると、それは純粋理論における根源的な範疇から演繹されたような一般原理に基づいていないようだ。

　さらに現代分析は適切な統一性を達成してきた。限界的な重要性の逓減法則の基礎に取り組み、本国のマーシャルやキャナン⁽²⁶⁾⁽²⁷⁾、オーストリアのミーゼス⁽²⁸⁾は、他財への需要という概念と厳密に対称的な方法で、個人の貨幣需要がどのように定式化できるかを示すことに成功していた。これによって貨幣の価値は究極的に——他財の価値と同様に——相対的な主観的評価によって説明されたのである。社会全体にとって、貨幣数量はたいしたことではない。しかし所与の資源を持つ個人にとって、その資源を束縛のない現金の形である比率だけ持っておくことは、それ自体が便宜である。それゆえ、保有すべき貨幣需要が現れる。これは現金と他の資源に関する相対的な評価であり、他の

---

(25)　マーシャル『貨幣信用貿易』[82] p. 48／訳65-66頁、ハーバラー「シュンペーターの貨幣理論に対する批判的論評」[51]『経済社会政策会誌』(第4巻 pp. 647-668) を見よ。
(26)　ケインズ編『マーシャル　公的文書』[71] pp. 43-45。
(27)　キャナン『貨幣』[20]（第4版）pp. 10-17および pp. 71-79。
(28)　ミーゼス『貨幣及び流通手段の理論』[94] pp. 85-146［第2部第2章 A.B.C.］／訳91-152頁。

評価と同等に、相対価格体系の「中」で表現されるのである。この総合化による特徴は、他の多くによる特徴と同じく、古い理論において有用で有効なものすべてを保持していることである。ただし古い理論よりはるかに論理的で、審美的な優雅さを実現しているのだが。ここで流通速度という古い概念が貨幣需要における現代的な考えから、いかにして出てきたかを示す必要はないだろう。他で頻繁に示されてきたからである[29]。ここで示したいのは、経済分析の根源的な統一性のみである。経済均衡の一般理論だけでなく貨幣の純粋理論まで、次のような財についての根源的概念から導き出せるのである。その財とは、可能な使用法——これは財から形成される——との関係で稀少なのである。

第4節 経済学と心理学

もし上記が正しいならば、経済分析はフェッターが強調してきたように[30]、様々な仮説的状況において、選択の必然性が意味するものを明らかにすることだとわかる。純粋力学において、我々はある物体の属性が存在する意味を探究する。純粋経済学において、我々は代替的用途を持つ稀少な手段が存在する意味を考察する。相対的評価という尺度の仮定は、さらに続く複雑な事態の基本なのである。

現在でも、相対的評価の尺度という概念が、特殊な心理学説の有効性に左右されると時折り考えられている。経済学の境界領域は、ペテン師やほら吹き[31]が活躍する絶好の場である。そして近年ではこうした曖昧な領域では、経済学(エコノミック・サイエンス)の心理的仮定だと言い立てられたものに

---

(29) 例えば、ピグー『応用経済学論集』[108] pp. 174-178を参照。
(30) フェッター『経済学原理』[41] p. ix、および pp. 12-21。

対する攻撃によって、安っぽい悪評を獲得することに時間が際限なく費やされてきた。心理学は急速に発展すると言われる。それゆえ、もし経済学が特定の心理学説に寄りかかっていれば、心理学で流儀が変わってしまったために、経済学は「根底から書き換えられる」必要があることを示す鋭い論考を、創造力が乏しい人にとって、約5年おきに書くこと以上に安易な仕事は何もない。予想されたかもしれないが、この機会が見逃されることは、これまでなかった。新しい真理の発見に夢中になっている専門的経済学者は、通常、返答することを快く思わなかった。そして一般の人々は稀少性の世界で、選択の含意を何とか認識しないように願っていて、九九の表と同じくらい明白にも、流行の心理学が語る真実にはほとんど依存しないような物事に対して、依然として未解決の問題であると騙されて信じ込まされている。賢明な人ならば——もちろん、心理学者でなければ何の取り柄もない人であるが——この未解決の問題に関して判断を喜んで保留するに違いない。

不幸にして過去には、経済学者の側が不用意な発言をして、こうした非難に口実を与えた。事実、現代的な主観的価値理論の創始者の中には、自分たちの命題の承認を得るため、心理学上の快楽主義学説に権威を求めた者さえいた、とはよく知られている。オーストリア学派にはこれは当てはまらない。当初からメンガー表は何の心理学上の問題にも関連しないように構成されていた(32)。ベーム-バヴェルクは心理学上の快楽主義と連携することを拒絶した。それどころか、彼はこうした種類の誤解を避けるため、非常に呻吟したのである(33)。しかしゴッ

---

(31) 〔第2版：「厳密な思考という努力を好まない人々」に変更。〕
(32) メンガー『国民経済学原理』[88] pp. 77-152〔第3章〕／訳67-130頁を参照。

セン、ジェヴォンズ、エッジワース——そのイギリスでの追随者は言うまでもなく——、その名前は非常に有能な経済学者がこの種の不当な申し立てを行ったことを思い出させてくれるのに十分である。ゴッセンの『人間交易論』は確かに快楽主義的な仮定に頼っている。ジェヴォンズの『経済学の理論』は快楽と苦痛の理論を前置きに、効用と交換の理論を始めている。エッジワースの『数理精神科学』は、「快楽機械としての人間」という概念を力説する節で始まる。ウェバー・フェヒナー法則の特殊例として、限界効用逓減の法則を明示しようという試みすらある。

しかし経済学者の実務と、そこに含まれる論理と、折々に出てくる事後的な弁解とは、区別することがとても重要である。経済学を批判する者は、まさにこの区別に失敗している。批判者は過剰な熱心さでもって、うわべを観察する。しかし内部構造を吟味するという知的な骨折りに関しては尻込みする。さらに自分たちが攻撃している理論に関して、さらなる最近の系統的な論述に精通しようと努力することもない。これには疑いもなく、戦略的な利点がある。というのは、この種の議論においては、あからさまな誤解は効果的な修辞(レトリック)にとって最高の刺激だからである。現代の価値論を熟知している者で、価値論が心理学上の快楽主義と——ついでに言えば、どんな名の特殊な心理学と

---

(33) ベーム-バヴェルク『資本の積極理論』［8］第4版 pp. 232-246を参照。

(34) エッジワース『数理精神科学』［38］p. 15。

(35) 〔訳注 刺激の強度と感知度との比率に関する法則。むしろ限界効用一定を想起させる内容となっている。〕

(36) この見解に決定的に反駁したものとして——しかしそれ自体は、経済分析の論理的基礎に対するある程度の誤解に基づいているが——マックス・ウェーバー「限界効用と心理物理的基本法則」［148］『社会科学・社会政策雑誌』（第27巻）を参照。〔第2版：挿入部分は削除。〕

も——重大な関連を持つと実直に論じ続ける者は誰もいない。もし経済学を心理学の観点から批判する者がこうした努力をしていたならば、ジェヴォンズやその追随者の著作で用いられた快楽主義的な言葉のあやは、理論の主要構造にとって付随的なものに過ぎない、と直ちに理解しただろう。この理論は同等に発展したウィーンで示されたように、完全に非快楽主義的な用語で記述され、弁護されることが可能なのである。既に見てきたように、評価の尺度という考えで仮定されているのは、異なった財が異なった用途を持ち、こうした用途の差が行動に対して異なった重要性を持つということだけである。ある所与の状況で、ある用途は他の用途よりも好まれ、そしてある財は他の財よりも好まれる、ということなのである。こうした行動主義的な意味で、特定の財に特定の価値をなぜ人間が付与するかという問題については、我々は議論しない。これはまさに心理学者、いやおそらく生理学者に向けた問題である。必要な仮定は、異なった可能性は行動へと向かう異なる刺激を必要として、そしてこの刺激はその強度に応じて配列できるという明白な事実のみである。この基本概念から引き出しうる様々な命題は、これまで心理学の実験場に入ってきたどんなことよりも、社会的活動を本質からヨリ多彩でヨリ豊穣なように説明できる。しかしそれが可能なのは、特定の心理学を仮定することによってではなく、その演繹法にとって心理学の知見を所与と見なすことによってであった。しばしば起こるように、ここで経済学の創始者たちは、自分たちが主張するよりも、もっと普遍的な応用法を構築したの

---

(37) ［第2版：削除。］
(38) これが評価 valuations を測定可能であると仮定するものではない——このことは、既に本書第3章第4節において十分に強調した。

である。⁽³⁹⁾

第5節　経済人の神話⁽⁴⁰⁾

しかしもしそうならば、経済学は金儲けと利己心のみに関心がある「経済人」の世界を仮定している、という何度も繰り返されてきた非難に対して、我々は何を言えるだろうか。有能な経済学者にとっては、この非難は馬鹿げているし、苛立たせることだが、もう少し精査が必要だろう。この非難は完全に誤っているが、純粋分析に関して、この本質に対する非難を——詳説がないと——引き起こしてしまうような説明上のたくらみがあるのだろう。⁽⁴¹⁾

経済学者が熟慮している世界には、利己主義者（エゴイスト）や「快楽機械」のみが住んでいるという信念が一般的に馬鹿げていることは、これまで述べてきたことから十分に明らかであろう。経済分析の基本概念は、相対的評価の尺度という考えである。そして今まで見てきたように、異なった財は異なった限界における異なった価値を持つことは仮定するが、この特定の評価が存在する理由を説明することを、問題の一部とは見なさない。所与のデータとして取り上げるのである。我々に関しては、経済主体は純粋に利己主義者、純粋に利他主義者、純粋に禁欲主義者、純粋に官能主義者にもなりえて、もっとありそうなことだ

---

(39) ［第2版：この後、4頁ほど加筆され、心理的要因や価値判断を経済学から排除する動きが批判された。M. ウェーバーを正しく理解すれば、社会科学に相応しいのは、個人の価値判断が妥当か否かを判定するのではなく、そうした価値判断が因果連鎖の説明に不可欠な環となっているかどうかである。］

(40) ［第2版：第6節として繰り下がる。その間に「合理的行動の仮定」という節が挿入され、合理的という意味は倫理的に妥当な行動ではなく、選択に矛盾がないという意味で目的に叶うことであると説明された。］

(41) ［訳注　初版の「構造」structure が第2版で「非難」stricture に変更されているので、初版も誤植であると解釈した。］

が、こうした衝動の混合体にもなりえる。相対的評価の尺度とは、人間をあるがままに捉えたある種の永続的な性質を示す便利な形式的方法に過ぎない。この評価体系の卓越性を認識し損なうことは、経済学が積み上げてきたこの60年間の重要性を、単に理解できないことである。

　さて、特定の取引を決める評価は、様々な程度に複雑であろう。パンを買うにあたって、交換という循環の中で、貨幣を費やして買ったかもしれない他の物と、そのパンとを比較するだけに私は関心があるのかもしれない。いや、パン屋の幸福にも興味があるのかもしれない。両者にはある種の先取特権があり、そのため私は競合相手——少々安く喜んで売ってくれる人——から手に入れるよりも、そのパン屋からパンを手に入れることを好むのかもしれない。まったく同様に、自分の労働を売ったり、自分の財産を賃貸ししたりする時に、私は取引の結果として授受する物事のみに関心があるのかもしれない。あるいは、別のやり方というよりはあるやり方で労働を経験したいと思っているかもしれない。あの方面というよりはこの方面に財産を貸す際に、光栄に思ったり不名誉に思ったり、美徳あるいは恥辱の感情に興味を持っているのかもしれない。

　こうしたことすべては、相対的評価の尺度という概念で考慮されている。経済均衡を記述する一般法則は、このことを前面に押し出す形で表現されている。アダム・スミスの時代以来、どんな新入生も次のような傾向の形式で、——特定の労働等級を分配する際における——均衡の記述を学んできた。つまり、様々に選べる代替物における貨幣の利得を最大化するのではなく、その純利益の最大化に向かうという傾向である。リスクの現代理論も、資本市場に対するその影響も、この種の仮定に本質的には依存している。しかし時には説明のため、評価は単純であり、一方ではある単体が需要されたり供給されたり、他

方ではその物と交換に貨幣が授受されたり、という第一次近似から始めるのが便宜となる。帰属理論や限界生産性分析といった複雑な命題を説明するためには、この近似は言葉の節約となる。適切な段階でこうした仮定を取り払い、完全な形式的一般性によって表現された分析に引き渡すことは、まったく困難ではないのである。

　以上のことのみが、時々出現する経済人 *homo œconomicus* の背後にある。これはある種の交換関係において、言わば一方にすべての手段があり、他方にすべての目的があるという純粋に形式的な仮定である。つまり、ある限定された市場で、唯一の価格が出現するという状況を論証するために、この市場で私が交渉する際に、最安値を付けた売り手から常に買うと仮定される。私が必然的に利己主義的な動機に駆り立てられていると仮定されることは全然ない。それどころか、ここで主張された非人格的な関係は、次のような場合に最も純粋な形で見られる、ということはよく知られている。つまり、もっと複雑な関係という贅沢を自分に許すという地位にいない管財人が、自分たちの管理する財産のために最善の折り合いを付けるという場合である。私と取引相手との関係が、目的に関する私の序列に関わってくることはない、というのが上記の意味である。私は自分のために、友人のため

---

(42) もっと堅牢なイギリス的伝統と見なされるであろう代表的な例を挙げるには、以下を参照せよ。カンティロン『商業試論』[24]（ヒッグス版）p. 21／訳14-15頁、アダム・スミス『国富論』[134]（第1編第5章）、シーニア『経済学』[133] pp. 200-216／訳428-465頁、マカロック『経済学』[87] pp. 364-378、J. S. ミル『経済学原理』[92]（第5版）pp. 460-483［第2篇第14章］／訳353-388頁（第2巻）、マーシャル『経済学原理』[81]（第8版）pp. 546-558［第6編第3章］／訳59-91頁（第4分冊）。こうした学説の最新版については、ウィックスティード『経済学の常識』[153] 第1部の各所を参照せよ。
(43) ナイト『危険・不確実性および利潤』[72] 第3部、および ヒックス「利潤［と不確実性］の理論」[62]『エコノミカ』第32巻 pp. 170-189を見よ。

に、市当局や慈善団体のために、行動するかもしれない。こんな私にとって、取引相手は単に手段に過ぎない。あるいは再び、自分の労働を最も高価な市場で売ると仮定されても——この仮定は実際、対照してみるに、均衡がもたらす総効果を示すために通常はなされる——、貨幣や利己心が究極の目的であるとは仮定されない。私はある博愛施設を支援するためだけに、働くのかもしれないのである。取引に関する限り、私の労働はある目的に対する手段と仮定されるだけなのであり、目的そのものとは見なされるべきではない。

　以上のことがよく知られていて、経済人は単に説明上の工夫であり、議論が展開していく1つの段階でとても慎重に使われている第一次近似であると——そして完全な議論では、この手続きを正当化するために、このような仮定を施したり、要求したりする必要もないのだが——、一般にはっきりと自覚されているならば、経済人は至る所にいる妖怪であるとはありそうにない。しかし、もちろん経済人はもっと広範な重要性を持っており、「需給の法則」——変動の理論としてうまく記述されるもの——という一般法則の背後に潜んでいる、と一般に信じられている。ケーキを所有していることと食べてしまうことをどちらも可能であると信じうる普遍的な願望にとって、この法則の説明は有害である。この理由ゆえに、経済人は激烈に攻撃されるのである。夢想の国の門を閉ざしたのが経済人だとしたら、ささいな心理学——どのような種類かはたいして問題ではない——は門をパタンと開けると期待されるのはもっともである。

---

(44)　[第2版：「比較静学の理論」に変更。]
(45)　[第2版：経済人批判という「深い」洞察力に対する皮肉を述べる一文のみ付加された。]

不幸にもこの信念は完全な誤解に基づいている。変動の理論にある命題は、人間が貨幣的な損得の斟酌のみに駆り立てられるという仮定をまったく含んでいない。所与の代替物を評価する際に、貨幣にいくらかの役割があるという仮定を含んでいるだけである。いかなる均衡点から貨幣的な誘因が変化するとしたら均衡の評価を変更させる傾向にあるはず、ということを示唆するに過ぎない。考慮されたこの状況で、貨幣は顕著な役割を果たしているとは見なされないのであろう。いくらかの役割がある限り、これらの命題は適用可能である。

　簡単な実例によって、このことが明瞭となるだろう。完全競争という条件下で生産されるある商品に関して、わずかな補助金が下りたと仮定しよう。変化の理論によれば、この商品の生産は増加する傾向にある。この増加分は弾力性に依存するので、ここでは考慮する必要はない。さて、この一般法則は何に依存しているのだろうか。生産者が貨幣的な利得を考慮することのみに駆り立てられるという仮定だろうか。いや、そうではない。「その他の損得」をすべて考慮に入れると仮定して良いだろう。これはカンティロンやアダム・スミスが広めた考えである。しかし補助金が交付される前は均衡状態であったと仮定すると、この制度はこの均衡を攪乱するに違いない、と想定しなければならない。補助金を交付することは、特定の方面にいる企業家の実質所得が獲得できる条件を低めることを意味する。価格が下がると需要が増える傾向にあるというのは、稀少性概念における最も基本的な含意である。

　この結論には、明示的に述べておくべき1つの微細な点がおそらくある。考慮された変化が非常に微少な場合、最初の動きはないというのはもっともだ。これは我々の理論と矛盾するだろうか。まったく矛盾しない。評価の尺度という考えは、効果的な評価の範囲に入ってくるいかなる物事の物的な単位すべてが、行動にとって別個の重要性を

持つ、とは想定しない。代替物に序列があるという仮定において、我々は変化が有効になるために知覚可能な最小限度に到達しなければならない、という事実を無視しない。1ペンスや2ペンスの価格変化が、ある経済主体の習慣には影響を与えないだろう。1シリングの変化が有効でない、と言っているのではない。限りある資源を所与として、ある物を多かれ少なかれ支出する必要があることは、——たとえ直接的に影響を受ける支出の方向で、需要量を一定に保つとしても——必然的に支出の分布に影響を与えるとは限らない、と言っているのでもない。

第6節　経済学と制度

この主題を終える前に、明言しておいた方が望ましい問題がさらに1つある。相対的評価の尺度と、どの瞬間にも存在すると仮定される制度の歴史的枠組みとの関係である。幸運にも、この問題はだらだらと長く論じる必要がない。というのも、ストリーグル博士が徹底的に

---

(46) 第一次変動とは、影響を受ける生産の方面における変動を意味する。第二次変動とは、他の諸方面における支出の拡張または縮小を意味する。以下に論じたように、第二次変動の中にはほとんど必然的なものもある。

(47) ウィックスティード『経済学の常識』[153] 第2部第1章・第2章と比較せよ。

(48) 我々がここで扱っているのはよく知られた誤りである。このため、経済分析の結論が完全競争という仮定に依存しているという申し立てに言及しておくことがおそらく望ましい。これに対する答えは、非常に短い。この主張は、完全に間違っている。我々は様々な技術的仮定を施し、この仮定のもとで希少性によって強いられた行動様式を考察する。自由競争はこうした仮定の1つである。しかし、1つの仮定に過ぎない。現代経済分析は、自由競争だけではなく、独占状況や単体状態というあらゆる形態を扱う。従って、とりわけこの異議は、その異議を唱えている者自身が何について話をしているのか分かっていない、ということを明瞭に示しているのである。[第2版：この注はすべて削除。]

(49) [第2版：この節はすべて削除された。]

論じており、経済法則が実際に意味するものよりも深く、経済法則を読み込もうとしない人々には、さほどやっかいな問題ではないからである。

　所与の経済主体によるある財への評価は、その財の質と、その人物がたまたま保有することになった他の財の質に、本来は依存する。それゆえ、均衡や変動に向かう傾向を論じる時はいつでも、我々は与えられた財産分布を仮定することから始めなければならない。分配が変われば、相対的な評価も変わっていく様を我々は既に見てきた。すべての評価体系――それゆえ、均衡分析の体系すべて――は最終財の初期配分と、この議論に関連する生産要素を自由に処分できる力の初期配分の両方から始まることは、さらなる論証をしなくても十分に明らかであろう。

　しかしここで終わりではない。財と生産要素の配分をこのように所与とすると、ある社会的順序を仮定する必要があるのは明らかである。この順序では、初期配分に基づいた評価がそれ自体、ある行動を促すかもしれない。外部からの介入なしでこの配分が変化する様式と、そうならない様式があることを仮定しなければならない。例えば、単純交換の理論では、第一子 Primus は第二子 Secundus に対して、ワインを提供することで穀物を自由に獲得できると仮定する。しかし第一子が第二子を殺したり、さもなくば暴力を振るったりして穀物を自由に獲得できると仮定する必要はない。我々は経済活動に関し

---

(50)　ストリーグル『経済的範疇と経済の組織』[139] pp. 85-121。
(51)　本書の第3章第4節を参照。
(52)　この点は、ナイト教授が「カッセル『理論社会科学』」[73] pp. 145-153という論評の中で、非常に明快にしている。しかしもちろん、それは現代的な均衡分析の全体像をたどっていくには暗黙的である。

て法的な枠組みを想定する[53]。この枠組みによって、経済主体の評価が自分の行動に影響しうる範囲を、言わば限定している。この枠組みは可能な手段を自由には適用できない領域を規定する。そしてこの規定を想定することによって、自由に行動できる残りの範囲で何が起こるかを議論できる。労働立法、財産や遺産に関する法律、税体系、取引や移動に関する障害――これらすべては相対評価の尺度を想定する時に、当然のことと受け止められる。こうした尺度は心理学を引き受けていると既に見ておいた。この尺度は制度も背後に引き受けているというのは、同等に明白である。

そのため、またもう１つの観点からは、経済理論と経済史の関係が突出してくる。この関係は本論の主内容の後に続くのである。経済理論は、相対評価の尺度を仮定することによって、異なった状況での形式的な意味内容を引き出す。経済史は、夥しい作用中の影響関係の観点から、特定の経済関係がいかに決定されるかを説明する。もし経済理論家が形式と必然的な関係という空虚な計算装置を操り、すべての行動はその範疇に収まらなければならないと考えて自らを慰めても良いならば、経済史家――歴史の他部門に屈服していない者――も自分の調査に適合的とならないかもしれない事象には、多彩な事象のうちどの一部分も存在しないことに安心しても良いだろう。

第７節　経済学と「歴史的」変化[54]

そこで、経済分析は「歴史相対的 historico-relative」な心理学や制

---

[53]　クラーク『企業の社会的制御』[31] p. 89 以下を参照。クラーク教授の警句を用いる際に、彼がこの特定の文脈で下した判断の多くを、私が支持していると理解されることは望んでいない。キャナン『富』[19] 第４章も見よ。

度の全構造を仮定している、と思われてきたのかもしれないのは明白である。この構造の中で、経済分析は変動をどの点から扱い得るかも同等に明白であろう。その取り扱いには主に2つの方法がある。

第1に、経済分析は、均衡化が作用した結果として発生する財配分の変化を取り扱うことができる。これは均衡理論の機能である。この種の運動を説明するのに役立つのが、均衡理論である。

第2に、経済分析は、所与の構造が変化するのを仮̇定̇できて、新しい均衡と古い均衡の差を記述できる。それはある税の撤廃、新しい障壁の負担、ある種の財産関係が変化した時の効果を想定できる。よく知られているように、これが変動の理論における主な機能の1つである。

しかし所与のデータ自体における変化の法則を記述できないのだろうか。こうした「結果として生じる再調整」——これはピグー教授の用語である——の外部で、所与のデータ自体がどのように変化するかを、経済分析は語ってくれないのだろうか。ここに別の章で取り扱った方が便利な問題が発生する。

---

(54) [第2版：第7節はすべて削除されて、別の「静学と動学」という節に変更。そこでは、今までの論述が静学（最終的な均衡状態の記述）に留まっていることは認められるが、比較静学と過程分析（例：マーシャルの期間分析）という2つの方向で動学分析にも応用できると主張された。]

第5章　経済学の一般法則と現実(1)

第1節　「経験的な偶然」としての稀少性(2)

　財・サービスの稀少性は、演繹的な一般法則体系の基本的な仮定であり、我々がずっと説明してきたものである。この稀少性は内省からも観察からも知られた事実である。我々は自分の目的(エンズ)を達成するための手段が限られていることを知っている。それゆえ、ある種の目的は、他の目的を達成することが優先されて、断念されなければならない——と知っている。ある財を利用する機会の範囲が与えられ、その利用を行使する力が限定されているような事態に直面し、人間という生物は他の物事よりもある物事を好む——と観察される。また、限界率が異なれば、同じ部類の対象物の一定量でも、人間の行動には異

（1）　本章で論ずる中心的な問題については、シーニア、ミル、ケアンズ、J. N. ケインズ、およびメンガーの古典的著作を調べておくべきである。私は、昔ながらの「方法論争」Methodenstreit という本題に関しては、ごく軽くしか触れなかった。というのも、今さらこの論争について言うべきことがとても多くある、とは私には信じられないからである。制度主義や「量的経済学」——量的という用語が本来持つ意味からすると偽物だが——に関する文献について私が知る限りでは、伝統的な方法に対する現代の論敵は、何も言ってこなかったのである。この伝統的な方法は、50年もしくは60年前のドイツやイギリスで言及されることはなかった。そして［第一次］大戦前の30年間で、どのような問題も、まったく前進することはなかった。この問題は、メンガーやマックス・ウェーバーのいずれかによっても、最終的には間違いが明らかにされなかったのである。したがって以下では、間違いに反駁することに多く割くというよりは、むしろ全体の動きのこの挫折から学ぶべき実用的な教訓を発見することに取り組むことにした。「歴史主義」Historismus と制度主義の主たる価値は、どのような主張を避けるべきかを、これまで以上に明確に我々に示すために存在してきたことにある。［第2版：すべて削除。］

（2）　［第2版：「科学としての経済学」に変更。この節で、分析的な経済学は抽象的で形式的であるが、自然科学の方法と異なり、経済学の一般法則の究極的な要素は事実や現実という重みに辿ると論じられた。］

なった意味を持つと観察される。この知識に基づけば、稀少性の概念から導かれる抽象的な推論が、我々が住む世界における実際的な条件に、どれほど適用可能かを断言できるかもしれない。そうでないと示唆することは、初歩的な事実を完全に観察し損なっていることである。我々が定義している意味での稀少性が存在することは、言わば「経験的な偶然」である。しかし、どんな価格も付けられないような数量で、さらにその財の再生産にどんな人間の尽力——これは他の望ましい目的に適用することもできたはずである——も必要とされないような数量で、すべての財——人間の欲望の対象である——が〔自由財として〕利用可能になると示されうるまで、この「経験的な偶然」は永続すると仮定する。

現代的な機械生産が到来して、経済学の一般法則はその適用が保留にされてきたと時折考えられている。素朴な条件では、「需給の法則」は疑いなく有益で啓発的である。しかし現代の状況では、事態は違ってくる。機械が到来して、すべてが変わった。機械時代には「新しい経済学」が必要である。以上のような見解は、経済学の主題の本質や、その一般法則の範囲を捉えるのに完全に失敗している。この見解は、最初に拒絶した経済学のあの概念〔富定義〕を使うことによってのみ正当化できる。「物質的な厚生」という最も基本的な必要性を満たすためには、現代的な技術の発展によって、人間が処理できる生産力に関して、徐々に減っていく率のみを必要とするようになってきた、というのは完全に正しい。しかし、価格や費用、所得、期待利回りといった現象は——交換経済の経済学において中心的な関心事——消えつつあるとか、実践的な重要性を失いつつあるとか、そのようなことはまったく正しくない。それどころか、我々が起こっていることを理解しようとすれば、ここから発展して複雑化した条件にこそ、経済理論の一般法則が最も有益になるところなのである。どのような他

の社会形態であっても、稀少性という一般的な条件が実際的な適切さを失っているとは、まだ明らかになっていないのである。

第2節　需給の統計的「法則」

既に見てきたように、上記の観察から演繹される一般法則は、その性質において形式的なものである(3)。もしある財が稀少ならば、その処分はある種の法則に合致するに違いない。もしその需要表がある秩序に従っていれば、供給が変化するとその価格はある方式で動くに違いない。しかし、既に明かしてきたように(4)、それが特定の財に結び付くことを保証するものは、稀少性という概念の中には存在しない。先験的(アプリオリ)な演繹操作によって、キャビアは経済財だが腐肉は不効用を持つ、と言うことを正当化できないのである。さらにキャビアへの需要の強さや、腐肉を逃れようとする要望の強さに関して、こうした演繹操作が教えてくれるものはさらに少ない。純粋な経済学の観点からは、一方では個人の評価体系(バリュエーションズ)によって、他方では所与の状況による技術的な実相によって、こうしたものは条件付けられている。そして個人の評価体系と技術の実相は、経済学的な統一性の外側にある。ストリーグルの意味深長な言い方を使えば、経済分析の観点からは、こうしたことは我々の言説では非合理的な要素を構成する(5)。

しかし、こうした限界を超越するのは望ましくないのか。需給に関して量的な法則を確立するために、評価の尺度に数値を与える立場になることを望まないべきだろうか。いささか違った形ではあるが、こ

（3）［第2版：一般法則ではなく「命題」、形式的ではなく「一般的」に変更。］
（4）　本書の第2章第1〜3節を参照すること。
（5）　ストリーグル『経済的範疇と経済の組織』［139］p.18。

のような問いは前章の結論で答えないままにしておいた問題を想起させる。

　疑いもなく、こうした知識は有用である。しかし、少々考えてみると、統一性が発見されると想定されるような理由は何もない場所を探究する領域に入っているのは明らかである。どのような瞬間でも普及している究極的な評価を、現在の姿に至らせた「複数の原因」は、本来、異質である。つまり、結果として生じる効果が、時空を超えて意味のある統一性を示すと想定する理由はまったくない。宇宙にある任意の例それぞれが、明確な原因の結果であると議論するのは、もちろん意味がある。しかし、任意の複数例から取ってきた任意の一例を研究すると、意義のある一般法則を生むだろうと想定する理由はまったくない。これは科学の手続きではない。しかしこれが——あるいはこれによく似たものが——次のような期待の背後にある仮定である。つまり、経済分析における形式的な区分によって、永久不変な価値という実質的な中身が与えられるという期待である。⁽⁶⁾

　単純な例を出せば、この点が極めて明らかになるはずだ。ニシンへの需要を取り上げよう。これまで市場を支配していた価格を下回る所で、ニシンの価格を固定するという命令に直面したとする。次のように言う立場にあるとしよう。「ブランクの研究（1907-1908）によれば、ありふれたニシン *Clupea harengus* 需要への弾力性は1.3であり、固定価格という現在の命令は、それゆえ200万樽（バレル）⁽⁷⁾の超過需要が続くと見込まれるだろう。」こう言えば、何と楽しいことだろうか。自然科

（6）「永久不変の価値」という条件に注意せよ。上記の結論があまりに激烈なものとして斥けられる前に、実証的研究の実用的価値に関する以下の所見が吟味されるべきである。
（7）〔訳注　標準乾量では、1バレルは約116リットル。〕

学者と比べて、通常はいくぶん損なわれている我々の自尊心にとって、どんなに心地よいだろう。大規模ビジネスに対して、どんなに感銘を与えるだろう。一般大衆に、どんなに説得的になるだろう。

　しかし、このようなうらやましい地位に到達すると望めるだろうか。1907年から1908年にかけて、プランクがその年の価格変化を所与と置いて、需要の弾力性を1.3であると突き止めることに成功したとしよう（この種の大まかな計算はさほど難しくはない）。プランクが不変の法則を見つけつつあったと想定できる理由はあるだろうか。もちろんニシンはある種の生理学上の必要性——かなり正確に記述することができるもの——を満たす。ただし、こうした必要性を満たすことができるのは、ニシンだけではない。しかしニシンへの需要は、必要性から単純に派生してきたものではない。それは言わば、非常に多くの外面上では独立の変数による関数である。流行の関数である。そして流行とは、「イギリス産ニシンを食べよう」運動(キャンペーン)が生む短命の結果以上の何物かである。ニシンへの需要は、市場に参加する経済主体の神学的見解が変わってしまったら、劇的に変わるかもしれない。それは他の食物がどのくらい利用可能かの関数である。人口の質と量の関数である。社会の所得分配の関数であり、貨幣量の変化の関数である。運送の変化はニシン需要の領域を変えるだろう。調理法の発見はその相対的な好ましさを変えるだろう。特定の時間と場所で、特定のニシン市場を観察することから導かれる係数は、経済史を除けば、恒久的な重要性を持つと正当に想定できるだろうか。

　さてもちろん、様々な工夫によって観察の範囲を長い期間に広げることは可能である。数日間のニシン市場を考察するのではなく、価格変化と需給変化に関する統計が数年にわたって集められる。そして、季節変動や人口変化などの賢明な「補正」が施されることで、その期間の平均弾力性をあらわす数字を推定することができる[8]。そしてこの

ような計算は、ある一定の限度内においては用途がある。これは、歴史のその期間内で作用していたある種の力を表現するのに便利な方法である。後に見ていくように、この計算はごく近い将来に起こりうることについて何らかの手引きを与えてくれるかもしれない。しかしそれには、「法則」と見なされるための資格が何もない。過去をどれほど正確に描き出すとしても、将来を描き出すという見込みはどこにもない。過去において、偶然そのように物事が発生したにすぎない。将来しばらくは、そうあり続けるかもしれない。しかし、過去においてそうであったことが同質的な原因の作用した結果である、と考える理由はまったくないのである。また、将来における物事の変化が過去に作用してきた原因によるものであろう、と考える理由もまったくないのである。このような研究は重要であるかもしれないが、その研究が行われた当座、そしておそらくその後しばらくは、研究の成果に対して自然科学のいわゆる「統計的」法則の地位を求めることを正当化する根拠は何もないのである。

第3節　制度主義者の「量的経済学」

もし需給関数のような基本的概念に対して、明確な量的価値を与え

（8）　例えば、シュルツ『需給の統計法則』［129］、レオンチェフ「需給の統計分析に向けた試論」［78］『世界経済論集』第30巻 p. ix 以下、スティーラ『経済研究の重要性における需要曲線の分析』［136］を参照せよ。［第2版：削除］
（9）　［第2版：この後、需要の弾力性は不可欠であるという一文が挿入された。］
（10）　［第2版：古いブランクの研究ではなく、もっと最近のデータに基づかなければならないという2つの文が挿入された。］
（11）　上記で論じた問題について、極めて興味深い意見がハルベルシュテッター『経済原理の問題性』［54］に見出すことができる。
（12）　［第2版：この間に2頁ほど増補され、自然科学と社会科学の相違点が強調された。］

る試みについても上に述べたことが当てはまるのであれば、より複雑な現象の動きである価格変動・費用のばらつき・景気循環などに対して「具体的な」法則を与えようとする試みに対して、どんなにもっとよく当てはまることだろう。最近10年間において、制度主義・「量的経済学」・「動学的経済学」などといった名称のもとで、この種のことが非常に増大してきた。しかし、ここに含まれる研究のほとんどが最初から無駄であると決まっていたのであり、一度も着手されてこなかったも同然であった。様々な種類の同質的な原因が作用しているという信念を明らかに保証しないような条件がある場合、現代の数理統計学が基礎に置く確率理論は、平均することを決して正当化しない。しかし、これ［同質的な要因という仮定］はこの種の仕事の多くが採る標準的な手順である。「量的法則」を求めて、趨勢の相関関係——これは最も多様な性質の影響を受ける——が詳細に調査される。時間と空間に関して、最も異質な環境のもとで起こる現象について平均がとられ、その結果には意義があると期待される。例えばウェズレイ・ミッチェル教授の『景気循環』——これは、データの収集に対して経済学者が本当に感謝している著作である——において、18世紀末以来の様々な国における景気変動の過程について長大かつ有益な説明をした後、全循環の持続時間について平均がとられる。さらに、そこ

---

(13) 以下で論じる制度主義の側面ついては、ウェズレイ・ミッチェルの論文「経済学の展望」[97]『経済学の動向』（タグウェル編）が参照されるべきである。この学派の一般的位置については、以下を参照。モルゲンシュテルン「アメリカ制度主義者の問題提起に関する論評」[100]『ジュゼッペ・プラート追悼記念　歴史と経済理論』、フェッター「アメリカ」[43]『現代の経済理論』第1巻 pp. 31-60。また、故アリン・ヤング教授による『経済学の動向』に対する書評（『新旧の経済問題』[158] pp. 232-260に再録）も参照せよ。
(14) ミッチェル『景気循環（問題とその設定）』[98] p. 419／訳588頁。

に含まれる166個の観察点の度数分布に対して、対数標準曲線がデーヴィーの方法によって当てはめられる。このような操作にどのような意味が含まれうるのだろうか。ここには、時間・空間・事業活動の制度的枠組みにおいて、大きく異なる状況についての観察が存在する。もしこれらを1つにまとめることに何らかの意義があるとすれば、それは対比という手段としてでなければならない。正統的な分析の方法と結果を軽視し続けてきたミッチェル教授は、おそらく次のように考えているであろう。つまり、それらすべてを一緒にし、その度数分布に非常に複雑な曲線を当てはめることによって、何か意義あるもの——彼の有名な論文の半分以上を占める一連の直線と曲線以上の何か——を構築しつつあると。確かに彼は、「量的経済学」の方法論について、そのいかなる批判者であっても望みえないような最も皮肉な論評(コメント)を加えたのであった。

　このような大げさな研究課題が無益なことを長く論じる必要はない。結局、こうした課題は最近人気であるにもかかわらず、新しいものではない。そして、実用主義的(プラグマティック)な論理に絶えず訴えかけてきた運動が、実用主義的(プラグマティック)なテストによって判断されるのも当然である。リチャード・ジョーンズがロンドンにあるキングズ・カレッジにおける就任講義の際に、リカード経済学の「形式的抽象性」に対して反抗の音を吹き鳴らしたのがまさに100年前である。より鮮明に表現するな

---

(15) これについては、モルゲンシュテルンの「景気研究の国際比較」[99]『総合国家科学誌』(第33巻 p. 261) を参照。ミッチェル教授は、自著第2版の膨大な注釈において、モルゲンシュテルン博士の非難を論駁しようと試みている。しかし、私が理解しうる限り、中国に対する彼の考察が沿岸都市 (!) に関連していると主張する以外、彼は次のような主張を独善的に繰り返すだけなのである。「中心的傾向の周りに考察の傾向を分布させることは、理論的にも非常に興味深い」(ミッチェル『景気循環』[98] p. 420／訳594頁)。

らば、その時の彼の議論は、その時代以降ずっと「帰納的方法」の提唱者たちによって表現されてきた議論と、多少なりとも正確に似ていた。そして時は流れ、「反逆者たち」は、専門的権威者による非常に高名な楽団、教授職の独断的な占有者(チェアーズ)、皇帝勅状(カイゼル)を受け取る名誉ある人、贅沢な研究所を指揮する公務員…になった。つまり我々は、歴史学派を持つことになったのである。そして今や、制度主義者を持つのである。1つか2つの特権的なところを除けば、大戦の終わりまでは、この種の見方はドイツの大学界隈において支配的であったと言える。そして最近では、全体として優勢的ではなかったにせよ、アメリカにおいて広範な力を確実に有したのである。しかし、その名に値するただ1つの「法則」も、恒久的に有効なただ1つの量的一般法則も彼らの努力からは生まれてこなかった。ある程度の興味深い統計的資料。特定の歴史的情勢に関する多くの有益な専門論文(モノグラフ)。しかし「具体的法則」――つまり「経済行動」に関する本質的な一様性――の中からは何ひとつ現れなかった。(17) そしてこの100年間の末期に史上最大の不況が発生すると、彼らは役に立たず、有益な助言もできないと判明した。その大勢はしくじることになり、その伝播は歪められることになった。(18) やがて少数の孤立した思考家たちは、演繹的理論という軽蔑された用具を用いて、変動の理論に関する我々の知識をある地点にま

---

(16)　リチャード・ジョーンズ『全集［講義録］』[68] pp. 21-22［「教授就任演説」(pp. 538-579) 1833. 2. 27『遺作集』pp. 559-561］。ジョーンズはいくつかの点で、経済学に対して本当の貢献をしたので、この比較は彼にとって必ずしも公平なものではない。現代の「量的経済学」の真の先駆者は、サー・ジョサイア・チャイルドであった。低い利子率と多数の富者の共存していることは、多数の富者が低い利子率の結果であることを示す――このことを彼は論証しようとしていた。
(17)　［第2版：制度主義者ではなく、理論家が統計手法の応用にも貢献したという一文が挿入された。］

で引き上げた。ここ数年の重大な出来事を、普遍的な学術用語(タ-ム)で説明することが可能な地点である。そして今後数年以内に、不況の謎を完全に解決することは不可能ではないように思われる。

第4節　実証的研究の機能

しかしそうすると、我々は実証的研究(19)について何を言うべきなのだろうか。稀少性という事実の持続性(20)を確かめたのであれば、経済学者はこれ以上現実と接触し続ける義務から免れるのだろうか。

答えは、決定的に否である。そしてこの否定的な答えは、アダム・スミスやカンティロン以来、経済学の発展に貢献してきたすべての経済学者たちの実践に中に暗に示されている。いわゆる正統的伝統の代表者たちが実証的な研究に難色を示したというのは、決して事実ではなかった。何年も前にメンガーが方法論争(21)の真っ最中に指摘したように、分析派の人々はこうした論争において攻撃者であったことは決してないのである。攻撃、つまり他者を排除しようとする試みは、常にもう1つの側［歴史学派］から起こったのである(22)。分析派は現実主義的な研究の重要性を常に認め、このような研究における手法の発展に自ら多大な貢献を果たしてきた。事実、この種の最も重要な著作が、

---

(18)　ドイツにおける歴史学派に対する不信は、かなりの程度まで、この学派の人々が戦時および戦後の通貨不安を理解しえなかったことによる。「量的経済学」が大不況をまったく理解もしくは予言しえなかったことは、同様の急激な反動を伴うかもしれない。これ以上に完璧な、あるいは派手な恥さらしを想像することは、確かに困難であろう。
(19)　［第2版：「現実的研究のさらなる細目」に変更。］
(20)　［第2版：確かめるべき対象として、稀少性のほか、生産要素の多様性、将来についての無知、経済理論の質的な公準が加わった。］
(21)　メンガー『［ドイツ経済学における］歴史主義の誤謬』[89]（序文、pp. iii-iv／訳296-297頁）。

あれやこれやの「反逆者」グループ——経済学において思考の基本的法則を適用することに異議を唱えていた——からではなく、むしろまさに彼らが猛攻撃の対象としていた人々から現れたことは、論証されるだろう。応用経済学の歴史において、ジェヴォンズ、タウシッグ、ボーレイといった人々の著作は、例えばシュモラー、ヴェブレン、ハミルトンなる人たちの著作よりも、我々の注意をひく正当な権利を有している。そしてこれは偶然ではない。現実主義的研究は、分析的原理をしっかりと理解し、この種の活動から何が正当に期待しうるのか、またしえないのかを十分に把握している人々によってのみ、実り豊かに実施できる。

しかしそうすると、この点で正当に期待されるものとは何であろうか。

第1の、そして最も明瞭なものは、様々なタイプの理論的構造が所与の状況に適用可能かどうかについてのチェックを与えてくれることである。既に見たように、特定の理論が真実であるかどうかは、科学の一般的仮定から論理的に演繹しうるかどうかの問題である。しかし、それが所与の状況に適用可能か否かは、その理論の概念がどの程度にまでその状況下で作用している力を実際に反映しているかによる。稀少性の具体的な表現形態は様々であり、変化している。そして、それらを現わすために用いられる言葉に対して絶えずチェックが行われない限りは、特定の原理が適用される範囲が誤解されるかもしれないという危険が常に存在する。理論の用語と実践の用語は、見かけ上は同

---

(22) ［第2版：この後、7行ほど追加され、正統派（メンガー側）が常に包容力があることなどが論じられた。］
(23) ［第2版：「真実」truth の一語は、「妥当性」validity に置き換わっている。］

一のように思われるが、実際は異なる範囲を扱っているのである。

　簡単な実例を挙げて、この点を明らかにしよう。純粋な貨幣理論によれば、貨幣の流通量が増加して他の事情が同一のままであれば、貨幣の価値は下落しなければならない。既に論じたように、これは科学の初歩的範疇から導き出すことが可能であり、それが正しいかどうかはそれ以上の帰納的テストとは無関係なのである。しかし、所与の状況にそれが適用可能かどうかは、いかなるものが貨幣と見なされるべきかについて正しく理解しているかによる。そしてこれは、事実を参照することによってのみ発見されうる問題である。一定の期間に「貨幣」という用語の具体的意味が変化したというのは、ある得る話だ。もしその時、元の用語そのまま使いながら、新しい状況を元の内容の観点から理解しようとすれば、重大な誤解に陥るかもしれない。我々はその理論が誤っているとさえ結論を出すかもしれない。事実、このようなことは理論史の中で何度も起こってきたことはよく知られている。通貨学派(24)がその銀行および為替の理論を永続的に承認してもらえなかった——他の点については、反対派の理論よりもはるかに優れていたが——のは、自分たちの貨幣概念に銀行信用を含めることの重要性を認識しえなかったためであることはよく知られている。変化しつつある事実の全体を絶えず精査し吟味することによってのみ(25)、そのような誤解を避けることができるのである。

　しかし第2に(26)、現実主義的研究に期待するのは、単に特定の理論を

---

(24)〔訳注　19世紀前半、銀行券の過剰発行がインフレの主因であるとして、金準備に制約される通貨の発行を求めた人々。〕
(25)　ジェイコブ・ヴァイナー教授の『カナダの国際負債収支』［145］やタウシッグ教授の『国際貿易』［143］は、この種の考察についての古典的な例を与えてくれる。

適切に適用する知識のみならず、純粋理論を再定式化あるいは拡大する必要のある範囲を露見させることである。実証的研究は新たな問題を表面化させる。

まだ説明されず残っている例の中で、景気循環(トレードサイクル)として知られるようになった景気の変動が最善の例である。よく知られるように、純粋均衡理論は好景気と不景気という現象について何の説明も与えない。均衡理論は、需給いずれかの外的変化に対して経済システムが調整されることを説明する。(27)規則正しい適応という性質を帯びた変動を説明するのである。しかし、経済体系の内部に不均衡発展を助長するような傾向が存在することを説明するものではない。均衡理論は、総供給と総需要——この２つの用語は有名な「市場の法則」で用いられている意味だが——との不一致を説明するものでもない。(28)しかし疑いもなく、このような不一致は存在する。そして、このような理論を通じてのみ現実を解釈しようとすれば、必然的に、残った現象をその一般法則に包摂することができないままに放置しておかねばならない。

ここに、特定の一般法則が不十分であることを、実証的研究によってまざまざと示してくれる明白な実例がある。そして、理論と関連した現実的な研究の主たる機能は、この種の欠点を暴露することにある。(29)自分の理論の意味を擁護しようとする理論経済学者は、特定の状況を説明する際に、自らが完成してきた一般法則を絶えず「実際に

---

(26) ［第２版：副次的な仮定を示唆できるという条件が挿入されたため、第３の条件になった。］
(27) ［第２版：「均衡理論は静止状態にある経済体系の関係性を説明する」に変更。］
(28) 以上すべてについては、ハイエクの『貨幣理論と景気循環』[59] 第１章・第２章、および随所を見よ。
(29) 別の重要な機能（つまり、実践に関する機能）は、次節で論じる。

使って」みなければならない。既存理論の構造における欠落が暴露される傾向にあるのは、まさに特定の事例を検証する時である。

しかし、このように示された問題の解決それ自体は、この種の逸脱に対する観察を単に増加させることによって発見されるというわけでは決してない。それは、観察の機能ではない。そして、様々な「帰納的反乱」の全歴史が示しているのは、この期待に基づく研究すべてがまったく実を結ばなかったということである。これは、とりわけ景気循環論に当てはまる。この問題の研究者たちが時系列の増加と相関係数の蓄積とに満足する限り、重要な進歩はまったく認められなかった。初めて進歩がなされたのは、次のような時であった。均衡分析が終るところから出発し、純粋理論の純粋な範疇から変動の説明——この分析の仮定とは矛盾しないような説明——を導き出すという、まったく異なる仕事に取り組むことに覚悟ができている人々が出現した時である。2つの研究部門間の正しい関係について、これ以上の良い例はありえないだろう。現実的研究は、解かれるべき問題を提示するかもしれない。解答が手近なところにあるならば、そうした研究はその解答の適用範囲を検証するかもしれない。しかし、解明を与えられるのは理論であり、また理論のみである。この関係を逆にしようとするいかなる試みも、必然的に目的なき観察と記録という涅槃(ニルヴァーナ)につながってしまう。

さらに——我々を出発地点に立ち戻らせることになるのだが——このようにして発見された残余を説明するために考案された一般法則が、本質においてまったく形式的ではないと考える理由は何もない(30)。我々が説明してきた理由ゆえに、純粋分析の範疇に対して、恒久的で

---

(30) [第2版:「一般的」に変更。]

実質的な内容を与えようとする希望は無駄なのである。具体的な状況に対して純粋理論を「実際に使って」、残った困難を純粋理論に差し戻すことによって、絶えず我々の分析装置の改善と拡張を望むことができるかもしれない。しかし、そのような研究によって、次のようなことが言えるようになるとは期待されるべきではない。いかなる財が経済財でなければならないのか、そして異なる状況下においてその財にどのような正確な価値をつけることができるのか、ということである。このように言うことが、経済学における真の問題を解く希望を捨てるということでない。単に、我々の主題の必然的な境界の内部に何があり、また何がないのかを認識することに過ぎない。これがそうではないと装うのは、まさに偽科学の強がりなのである。

第5節　経済法則の必然性

しかし、経済法則が本質的に形式的(31)であると認めることは、その法則が表現している必然的結果の現実性を否定することではない。つまり、解釈や予測の手段としての経済法則の価値を損なうことではない。それどころか、そのような一般法則の本質と範囲を慎重に定めることで、一層の確信をもって、一般法則に対してこの分野における完全な必然性を求めることができる。

経済法則は、［論理的に］必然的な内容を示す。もし前提となる与件が与えられれば、法則が予測する結果は必然的に生じる。この意味において、ナイト教授が強調したように、数学や力学の法則と同様に普遍的なものであり、また、同様に「一時停止」(32)(33)さえできないものである。もし、所与の状況において事実がある種の秩序を持つならば、

---

(31)　［第2版：「一般的」に変更。］

経済法則によって我々が示しうる他の事実も存在すると導出されることを、経済法則は我々に完全な確実性をもって保証してくれるのである。前章で説明された命題の意味内容を把握した人々にとって、その理由は探すに難くない。もし「所与の状況」が特定の型(パターン)に一致するのであれば、ある他の特徴も存在しなければならない。というのも、その特徴の存在は、元々仮定された型から「演繹することができる」からである。分析的方法とは、単に、複雑に連結した事実の必然的な帰結を発見する方法である。現実における帰結は、元々の仮定の帰結ほど直接的には識別できない。分析的方法は、所与の仮定が含むすべての意味を「振って広げる」ための手段である。それは応用論理学の一形態である(34)。そして、元々の仮定と事実との対応が認められるのであれば、その結論は必然的かつ不可避的なものである。

もし図形的分析の手順を考慮すれば、以上すべてはとりわけ明らかになる。例えば、僅かな税の賦課が価格に与える影響を示したい、と仮定せよ。需要の弾力性についてある種の仮定を、また費用関数についてある種の仮定を施し、こうした仮定を通常の図形で具体的に表現する。そうすると、価格への影響を言わばすぐに読み取ることができる(35)。価格への影響は元々の仮定に暗に含まれている。図形は単に、隠された意味を明示するだけなのである。

経済分析にあるこの［論理的］必然性こそ、まさに相当な予言的価

---

(32) ［第2版：ナイトの引用は削られ、「他の科学的法則と同一の基盤に立つ」に変更。］
(33) ナイト『経済学における科学的方法［の限界］』[74]『経済学の動向』（タグウェル編）p. 256。
(34) ［第2版：この一文は削除。］
(35) 例えば、ドールトン『財政学』[35]（第2版）p. 73［第7章への注］を参照。

値を与えるのである。経済学は、ある特定の時点における所与のデータがどうなるのかを予測する方法を知らない、ということはこれまで十分に知られてきた。評価体系の変化を予測することもできない。しかし、特定の状況におけるデータが与えられれば、経済学はその意味に関する必然的な結論を導き出すことができる。そして、もし与件に変化がないままであれば、こうした意味内容は確実に実現されるであろう。実現されなければならない。というのも、必然性は元々の与件が存在する中に含まれているからである。

　実証的な研究にさらなる機能を認めることができるのは、まさにここである。それは、変化しつつある事実——いかなる所与の状況でも予測を可能にさせるもの——を明らかにする。ここまで見てきたように、実証的研究が事実の変化の法則を発見できるというのは、ありそうにないことである。というのも、与件は原因をもたらす同質的な力に左右されないからである。しかし、それは特定の時期に意義ある情報を我々に提供してくれる。様々な効力の相対的大きさに関して、ある着想も与えてくれる。変化の潜在的方向性に関して、賢明な推測のための基礎を提供してくれる。そしてこれは疑いもなく、応用的な研究の主要な効能の１つである。それはすなわち、法則の支配が期待されないような領域で実証的な法則を発掘するのではなく、変わりゆく与件——状況が与えられれば、この与件に基づいて予測が可能となる——についての知識を刻々と与えることである。実証的な研究は、形式的分析にとって代わることはできない。しかし、様々な状況において、どのような形式的分析が適切であるかを示すことができる。そして、その瞬間において形式的範疇のために若干の内容を与えうる。

　もちろん、他の点が不変のままでなければ、予測される結果が必ずしも生じるとは限らない。この基本的な常套句は、いかなる科学的予測にも必然的に含まれているが、この種の予測を論じる際には、とり

わけ最も目立つ位置で注目しておく必要がある。「他の事情が同一な・・・・・・・・
らば、に呪いあれ！」と言った政治家は、経済学を批判する者の中に
多数の熱狂的追随者を有している！　もし力学の法則を例証するため
に計画された実験が地震によって中断されても、その法則が無効であ
るとは、正気の人ならば誰も思わないだろう。しかし、相当多数の素
人、そしてかなり多くの自称経済学者もまた、ほとんど同様に脆弱な
根拠に基づいて、十分に確立された経済法則を絶えず批判している。
保護関税が商品の輸入に課せられる。そしてもし他の状況が変わらな
いままであれば、その商品の国内生産の状況は次のようなことを確実
にする。すなわち、このような保護の影響によって、価格が上昇する

---

(36)　〔訳注　マーシャルが好んで用いた語句。部分均衡論の方法を示す。〕
(37)　例えば、最近現れている貨幣数量説に対する様々な統計的「論駁」を参照せ
よ。以上すべてに関して、トレンズによる古典的なトゥック論は、必要なことがす
べて含まれた言葉である。「物価の歴史は、心理学的な研究と見なされるかもしれ
ない。トゥック氏は、ホーナーとリカードの追随者として自らの仕事を始め、さら
にこうした高名な人物と同類であることで、輝きを獲得した。しかし、同時代の事
実を収集する彼の能力は、その認識力・論理力を圧倒していた。それゆえ事実を蓄
積することで、トゥックは誤謬という迷宮に捲き込まれた。ある理論的原理は、そ
の原理が導出されてきた前提と一致する状況下では、否応なくすべて黙諾を要求す
る。他方、その前提と一致しない場合には、相応の制限と修正をもって、その原理
は適用されなければならない。しかしトゥック氏はこの点を理解できなかったた
め、アダム・スミスが唱えた「命題の完全な誤解」に陥った。そして、次のように
主張する愚かさを、かの権威者に負わせた。つまり、貨幣数量の変化は──相互に
関連する商品の価値が不均等な割合で変化している一方で──すべての商品の貨幣
価値を同率で変化させるというのである。この異常な誤解から導出された推論は、
必然的に異常な結論を導いた。貨幣の購買力における変化がすべての商品の価格を
同率で変化させる、ということをアダム・スミスが普遍的に正しい原理として適切
に確立したと納得した。そして、様々な時期における市場現象を探求していた時、
流通の拡大または縮小によって商品価格が同率で上昇あるいは下降する場合がまっ
たく存在しないことを見つけた。彼は、このように非論理的に仮定された前提から
厳密に論理的に推論することによって、自らの偉大な発見──通貨のいかなる増大
であっても物価上昇に対して影響をもちえない──に到達した」（トレンズ『1844
年ピール条例の原理と実務』［144］（初版）p. 75）。

のである。まったくの偶然な理由――技術の進歩、原材料の価格下落、賃金の切り下げなど――によって、費用は下がり、価格は上昇しない。素人や「制度主義」経済学者の目には、経済学の一般法則は無効である。需給の法則が停止される。事実に敬意を払わないある科学の偽の主張が暴露される。などなど、枚挙にいとまがない。しかしいったい誰が、他の科学の熟練者に対して、制御できない歴史の中で、完全な過程を予測すべきかを尋ねた者がいただろうか。

　一般的に出来事は管理されていないという事実。所与のデータ周辺はあまりに広範囲にわたり、予期しえぬ方面からの影響にあまりにさらされているという事実。まさにこうした事実ゆえに、いかに慎重に予防措置を採っていても、予測という任務が極めて危険に満ちたものになるに違いないのである。多くの場合、ある特定の与件群における小さな変化は、それと独立かつ同時に起こっているような他の変化によって相殺されやすい。このため、事態の動く傾向に関する知識の予言的価値は小さい。しかし、多方面の支出もしくは生産を同時に捲き込む、ある種の一般的変化が通常は存在する。そこでは、法則の含意に関する知識は、高い蓋然性を推測するための極めて強固な基礎とな

---

(38) 経済「計画」の利点とされるもの――すなわち、計画が将来に関してより大きな確実性を可能にすること――は、次のような仮定に依存している。つまり、「計画」の下では、経済を統御する現在の力である個々の消費者と貯蓄者の選択が、それ自体、計画者の統制下に置かれているという仮定である。したがって次のような逆説が生じる。計画者は、自らが奉仕しようとする社会の諸目的を算定する手段を欠いているか、または、この手段を復活させて「計画」の存在理由を取り除くか、というパラドックスである。もちろん、もし計画者自らがこうした目的を判断する能力があると考えるのであれば、または、――はるかにありそうなことであるが――もし、計画者が適切であると考える以外のいかなる目的にも自分が奉仕するつもりが全然ないのであれば、このようなディレンマは生じない。不思議なことであるが、この事態はしばしば生じている。計画者になりたい者の上皮を剥いでみると、独裁者になりたい者をたいてい見つけることになる。

る。これはとりわけ、貨幣現象の領域に当てはまる。貨幣数量説に関する極めて基礎的な知識が、大戦中およびその後の動乱期において、計り知れない予言的価値を持ったということには、まったく疑いはないであろう。戦後、以前の価値を自動的に取り戻すであろうという確信的な期待からドイツ・マルクを購入した投資家がいたとしよう。この投資家が貨幣理論について、例えばサー・ウィリアム・ペティと同程度に知っていたならば、自分たちが行っていることが馬鹿げたことであると分かったであろう。同様に、純粋に分析的理由から以下のことがますます明らかになる。いったん大好況の兆候が現れると、停滞や不況が到来するのはほぼ確実である——それがいつ来るのか、またどのくらい続くのかは予測できる問題ではないのだが。というのもこれは、問題となる兆候が現れた後に発生する人間の意志作用に依存するからである。このため、労働市場の領域においても、次のようなことは極めて確実である。つまり、あるタイプの賃金政策が——他の事情が等しいままであれば——結果として失業を生みだす。そして、このような結果を避けるために「他の事情」がどのように変わらなければならないのかに関する知識があれば、与件の政策がもたらす実際の結果を、かなりの確信を持って予測しうることが多くなるであろう。以上のことは、実践の中で何度も何度も証明されてきた。今日、この有効性を否定しようとしている人は、見たくないという理由で盲目になっている人のみである。もしある種の条件が存在するのであれば、ある種の結果は必然的なのである。

第6節　経済法則の限界

　それにもかかわらず、経済法則には限界がある。そしてもし、それらを賢明に使うつもりならば、その限界がどこにあるのかを把握しておくことが重要である。既に述べてきたことに照らし合わせれば、こ

れは難しいことではないはずである。

　経済学者が議論する領域における非合理的要素は、個人的評価の背後に存在する。既に見てきたように、評価の相対的尺度の起こりそうな変化を決定するのに利用できる手段は何もない。したがって、すべての分析において、評価の尺度を所与として考える。必然性の性格を有するのは、こうした所与の仮定から生じる結果のみである。法則の支配を見出すのは、この領域のみである。

　したがって、経済法則は相対的尺度の変化に関係するものとは言えず、また経済の因果関係は法則の元々の意味内容を通じて広がるにすぎない、ということになる。価値の変化は熟慮されないというのではない。もちろん、価値の変化は理論経済学の主要な関心事である。経済学者として、我々は個々人の評価における変化の裏側に立ち入ることはできないと言っているに過ぎない。問題をそれほど抽象的ではない言い方にすれば、我々は価格の関連性――所与の技術的条件と相対的評価から導かれるもの――を経済法則の観点から説明できるかもしれない。与件の変化による変化を説明できるかもしれない。しかし、与件そのものの変化を説明することはできない。以上のような変化の型(タイプ)を区別するために、オーストリア学派の人々は、内生的変化と外生的変化とを区別する[39]。前者は、仮定における与えられた構造の内部で生じる。後者は、外部から生じるのである。

　もし貨幣理論の含意を再び考えるならば、予測の問題とこうした区別との関係性を知ることができる。貨幣需要に関してある種の仮定を所与として、どんな通貨でもその量を増加させれば、その対外的価値

---

[39]　とりわけ、ストリーグル「経済の与件における変化」[141]『経済・統計学年報』第128巻 pp. 641-642を参照せよ。

は下落するという主張が正当化される。これが内生的変化である。それは元々の仮定から生じるものであり、そしてこれが有効である限り、明らかに不可避なものである。しかし、もし為替が下落すれば——最近しばしば主張されてきたように——インフレーションは必然的に起こらなければならない、という主張は正当化されない。この現象が非常にしばしば起こるということを知っている。政府がしばしば愚かで臆病であることを知っている。また、貨幣の機能についての誤った認識が広く知れ渡っているということも知っている。しかし、為替の下落と印刷機を動かすという決定との間には、何ら必然的な関連はない。人間の新たな意志作用が、「因果関係」の鎖を切断するのである。しかし、紙幣の発行とその対外価値の下落との間に関して、関係する多様な経済主体の側の、仮定された行動傾向における変化は何ら予期されない。言わば、為替指標がより低い水準に動く、ということが起こるのみである。

　[内生と外生という]同様の区別に関して、賠償問題というもっと複雑な例がある。以下のようなことが示しうると仮定しよう。ドイツの生産物に対する外国からの需要が極めて非弾力的である。このため短期間ではとにかく、国内の税金を払うという負担に加えて、さらに[賠償のために]資金移転(トランスファー)しなければならないという負担の程度は非常に大きい。このような状況下では、現在の危機は直接的に純粋な経済的要因のためであると論じうる。これはつまり、次のように言うことができる。恐慌がその結果として起こる時点までは、様々な紛争の種はすべて世界の需給という所与の条件に内包している障害物によるものである。しかし次のようなことが示しうると考えよう。現代の困難は金融恐慌が第一原因であり、元々の税負担の大きさに対する政治的反乱の恐怖から誘発された。そうすると、一連の因果関係は単に経済的なものであったと主張することはできない。税負担に対する政治

的反応が介在する。「トランスファー危機」は外生的要因から生じるのである。[41]

　実際的問題の議論では、ある種の外生的変化——経済的因果関係の鎖の内部における変化と明らかに密接に関連しているもの——が、しばしば含まれているということに何ら疑問はないであろう。貨幣問題の領域においては、下落しつつある為替のために、その地域の貨幣当局がインフレーションに着手するように誘導されるかもしれないという危険は、確かにこの議論の適切な例と考えられるだろう。関税政策の領域においては、保護関税の認可が国内生産者の間に利益の独占的社会を確かに創り出す傾向にある。そして、実務を行う行政官はこの傾向を見過ごしてはならない。ここに、そして多くの他の点で、心理学的な蓋然性という曖昧な領域があり、純粋に実践上の理由からこの部分を考慮に入れるのがしばしば非常に便利である。[42] これらの問題に必要とされる洞察力は、しばしば非常に初歩的な道理である——もっとも、いかに多くの人がそれを欠いているかに驚くのだが。起こりそうなことの多くが事実上、確実なことである、というのは疑いもない。例えば、もし民主主義的な政治家が政治的な賄賂を提供できるとなると、彼らの中には時折、そのようにする者もいるであろうという命題は、太陽は明日昇るだろうという命題よりももっと疑わしいよう

---

(40)　これは、マッハルプ博士の「トランスファーと価格変動」[79]『国民経済学雑誌』（第 1 巻 pp. 555-561）で議論された極端な事例である。
(41)　[第 2 版：この部分にスーター教授に関する長い注が挿入された。またこの直後に一段落が挿入され、ナイト教授に言及しながら、与件の変化と経済体系内部の変化の区別が重要であることが主張された。]
(42)　所得の変化が出生率に与える影響など、はるかに困難な問題が同じ範疇(カテゴリー)に含まれる。人口の問題は全体として、応用経済学という境界地の中で、最も目立つ住人の 1 人である。

には見えない。⁽⁴³⁾良識のある人々であれば、それを政治的実践における実用的な格言として疑うようなことはないだろう。だが、議論に参加する人々すべてが良識を持っているとは限らない。ともかく、いかなる表現形態であっても、確実性を有する一般法則——これが経済学に特有な一般法則である——と、「社会学的な曖昧な領域」——高い蓋然性を有するのみである——における一般法則とを切り離しておくために、あらゆる努力を払わなくてはならない、ということは極めて望ましい。⁽⁴⁴⁾経済学者は、経済法則の限界を強調したからといって失うものは何もない。実際、このことがなされて初めて、残っているものを確信させる圧倒的な力が十分に働くと期待されうるのである。⁽⁴⁵⁾

---

(43) ［第2版：この一文は削除。］
(44) 留保条件は大切である。私が求めているのは、表現の様式(モード)においてヨリ正確なことであり、思索の領域における過度な厳格さではない。実践的な問題について議論している時、経済学者はこうした与件が変化しうると熟慮することを慎むべきである——と私が提案しているわけではまったくない（与件変化の原因は経済学(エコノミック・サイエンス)の厳密な境界領域の外に出ているが）。それどころか私は、経済学者が他者に対して明確な利点を持っているかもしれない社会学的な思索の領域がここにある、と信じるようになっている。確かに、これまで経済学者が他の者よりはるかに多く成し遂げてきた領域なのである。私が考えている類を確かめるには、民主主義社会において関税委員会をどのように形成するか（例：プラント「関税［形成］の実際」［112］ベヴァリッジ編『関税：実例を検討する』［第15章］）や、生産的企業の官僚的な経営に必要な条件（例：ミーゼス『共同経済』［93］pp. 199-210）などの多様な議論を考えさえすれば良い。私が主張していることは、この領域に属している一般法則の類を、経済学(エコノミックス)に特有なことに属する類から切り離すことが望ましいということである。
(45) ［第2版：この後、4頁半にわたる第7節「経済発展論の可能性」が追加された。与件の変化を含むように一般法則を拡張できないかという議論。］

第6章　経済学の意義

第1節　はじめに

今や、これまで進めてきた研究の最終段階に近づいた。我々は経済学の主題について考察してきた。経済学の一般法則の本質、およびその法則と現実の解釈との関係を検討してきた。そして最後に問わなければならない。社会生活・社会行動に対する経済学の意義はいったい何であるのか。経済学(エコノミック・サイエンス)と実践との関係は何か。

第2節　限界効用逓減の法則

現代経済理論のある種の発展は、それ自身によって、政治的実践の基盤を与えることが可能な一組の規範(ノルム)を提供する、と時には考えられている。限界効用逓減の法則は、分配に影響を与えるあらゆる形態の政治的・社会的活動の基準を与えると考えられている。より大きな平等へと導くものは何でも、生産に対して不利な影響を与えなければ、この法則によって正当化されると言われている。不平等へと導くものは何でも、非難される。こうした命題は、極めて高い権威の支持を受けている。これらは、財政学について書かれたものの多くの基礎となっている。(1)キャナン教授ほどの権威も、経済学者がフェビアン社会主義へと辿る道を正当化するために、この命題に訴えかけた。(2)こうした命題は、応用経済学に関する無数の著作の中でも、最も広範な支持

（1）　例えば、エッジワース「課税の純粋理論」[39]『経済学論文集』（第2巻 p. 63以下）を参照。
（2）　キャナン「経済学と社会主義」[18]『経済学概観』pp. 59-62を参照せよ。

を受けている。イギリス経済学者の大多数がそれらを公理として受け入れていると言ってもよいであろう。しかし、極めて遠慮がちに、あえて次のようなことを示しておきたい。こうした命題は、実際のところ、科学的な経済学のいかなる学説によってもまったく正当化されていない。そしてまた、イギリス以外ではこの命題は、ほとんど大部分、幅を利かせることはなくなってきた、ということである。

　この命題を支えている議論は、よく知られている。しかし、その欠点がどこにあるのかを正確に示すために、その議論を改めて明白に述べることも価値があるだろう。限界効用逓減の法則が意味するのは、人が何かを多く持てば持つほど、その追加的単位に対する評価をますます小さくするということである。したがって、人は実質所得が多くなればなるほど、所得の追加的単位をますます小さく評価する、と言われる。またしたがって、裕福な人の限界効用は、貧しい人の限界効用より小さい。したがってもし所得移転がなされるならば、そして、この移転が生産に対して明らかな影響を与えないのであれば、総効用は増大するであろう。したがって、このような移転は「経済学的に正当化される」。証明終わり。

　一見、この議論のもっともらしさは、圧倒的である。しかし、より詳細に精査してみると、単に見かけ倒しであることがわかる。このもっともらしさは、限界効用逓減の法則を、それがまったく道理に合わない領域へと拡張したことに依存している。ここで引き合いに出された「限界効用逓減の法則」は、経済財の基本的な概念からまったく引き出せない。そしてそれは、観察や内省によっては決して確証されない仮定——それが正しいにせよ、誤っているにせよ——を組み立てるのである。我々が検討している命題は、様々な個々人の経験を科学的に比較しうるかどうかという形而上学的に大きな問題を避けているのである。これについては、さらなる検討に値する。

これまで見てきたように、限界効用逓減の法則は、手段が奉仕する目的に関係して、その手段が稀少であるという概念から引き出される。次のようなことが仮定される。個々人に対しては、自分の行為に関する重要性の順に財を並べることができる。それが選好されるであろうという意味において、ある財の1つの用途が、他の用途よりも重要であると言いうる。これらを基礎として進むことで、次のような2つの順序を比較することができる。つまり、一個人がある代替物を選好すると想定される順序と、別の一個人がその代替物を選好する順序である。このようにして、交換についての完全な理論を確立することができる。

　しかし、ある個人が一連の代替物を選好する順序を示す尺度が作成しうると仮定し、ある1つの個人的尺度の配置と別の配置を比べることと、このような議論の背景には、個々人の尺度どうしで比較できる大きさがあると仮定することとはまったく別のことである。これは、現代の経済分析においては、いかなるところでも必要のある仮定というわけではない。そして、相対的評価という個人的尺度の仮定とはまったく異なる種類の仮定である。交換の理論は、次のような仮定をする。一切れ6ペンスのパンの私にとっての重要さと、市場という機会を通じて提供された他の代替物に費やされた6ペンスとを、私は比較することができる。もしくは、内省という説明的仮説さえも空にして、次のような仮定をする。つまり、特定の状況下でのそのような機会に直面すれば、私の反応は決定的な性質を帯びるだろう。このように示される私の選好の順序は、パン屋の選好の順序と比較することができる、と仮定される。しかし、いかなる点においても、私がパンに

（3）［第2版：「もしくは…帯びるだろう」という2つの文を削除。］

6ペンス費やすことで得る満足と、その・パ・ン・屋・が・6・ペ・ン・ス・受・け・取・る・こ・と・で・得・る・満・足・と・を・比・較・す・る・必・要・が・あ・る、とは仮定され・ない。この比較は、まったく異なる性質を比べることである。これは、均衡理論では決して必要とされない。そしてまた、均衡理論の仮定に絶対に含まれないものである。それは、いかなる実証科学の範囲から必然的に外れる比較である。Aの選好は、重要性の順序においてBの選好よりも上位に来ると述べることは、Aはmよりもnを選好し、Bはmとnを異なる順序で選好すると述べることと、まったく異なる。そこには慣習的な評価が含まれている。したがって、本質的に規範的である。この言明は、純粋科学においてはまったく居場所がない。

　もし以上がまだ不明瞭であるならば、次の考察が決定的であろう。Aの選好について異なる意見が生じたと仮定する。ある価格において、彼がmよりもnを選好すると、私は考える。同一の価格において、彼がnよりもmを選好するとあなたは考える、としてみる。純粋に科学的な方法で、意見の相違を解決することは容易であろう。Aに答えを求めることもできるだろう。あるいは、Aの側の考えを推察することが可能であると信じることを拒否するならば、Aを当該の刺激にさらし、その行動を観察することもできるであろう。いずれの検査も、意見の相違を解決するための基礎を与えてくれるようなものであろう。

　しかし、1,000ポンドの所得からAが得る満足と、その2倍の大きさの所得からBの得る満足とについて、我々の意見が異なると仮定せよ。彼らに尋ねたところで、何の解決も得られない。彼らの意見が異なると仮定する。Aは、限界においてBよりも多くの満足を得ると主張するかもしれない。他方、Bは反対に、Aよりも多くの満足を得ると主張するかもしれない。ここに科学的根拠がまったく存在しないということを理解するために、卑屈な行動主義者になる必要はない。[4] A・

の満足とBの満足とを比較し、その大きさを検証する手段は何もない。もし、両者の血流状態を検査したのであれば、それは血液の検査であって、満足の検査ではないだろう。内省によっても、AはBの心の中で何が起きているかを知ることはできない。同様に、BもAの心の中で何が起きているかを知ることはできない。異なる人々の満足を比較する方法はないのである。

　もちろん、日々の生活の中では、比較は可能であると絶えず仮定している。しかし、異なる時点、異なる場所で実際になされる仮定の多様性こそ、その慣習的な性質を明瞭に示している。西欧の民主主義国では、ある種の目的のために次のように仮定する。すなわち、類似の状況にいる人々は、等しい満足を得ることができる、という仮定である。まさに正義の目的のために、法律上の主体の間に、同じような状況では責任の平等性を仮定するのと同様に、国家財政の目的のために、経済主体の間に同じような状況下において等しい所得から満足を感知する能力が等しいと仮定することに、我々は承諾している。これを仮定することは便利であるかもしれないが、仮定が確認しうる事実に基づいていることを示す方法はないのである。そして実際、もし他の文明の代表者が、我々に対して「君たちが間違っている」、「自分たちのカーストは下級のカーストよりも、所与の所得から10倍の満足を感知できる」と主張しても、我々はその文明の代表者を論駁することはできない。彼を揶揄するかもしれない。この代表者に憤慨し、次のように言うかもしれない——彼の価値判断は忌まわしい、これは市民の衝突・不幸・不当な特権などなどをもたらすものである。しかし、この代表者がいかなる客観的意味においても間違っているとは示しえ

（4）〔訳注　外部から観察しうる行動のみを考察の対象とすべきだとする心理学。〕

ないのである。これは、我々が正しいとは示し得ないのと同様なのである。そして、人は等しく満足を得ることができる(5)とは心の中で信じていないので、もし、我々が組み立てた物事の構造を正当化するに当たって、何としても科学的であると装い続けるのであれば、それは本当にばかげたことであろう。それは、一般的便宜という理由で正当化されうる。もしくは、価値(6)という究極的基準に訴えることによって正当化されうる。しかし、いかなる種類の実証科学に訴えても正当化されえないのである。

　したがって、我々が検討してきた命題において仮定される限界効用逓減の法則を拡張することは、まったく非論理的である。したがって、それに基づく議論は、すべて科学的基礎を欠いている。この認識が疑いもなく意味するのは、応用経済学において科学的一般法則の地位を装っている議論のうち、多くの主張を大幅に削減することである。限界効用逓減の法則(7)は、次のような推論を正当化するわけではない。すなわち、富者から貧者への移転が全体の満足を増大させるという推測である。累進的な所得税が非累進的な人頭税に比べ社会的な分配分にそれほど有害ではないと、この法則が言っているわけではない。実際、財政学の中で「社会的効用」を扱う当該部分すべては、失敗している。倫理的仮定の発展としては興味深いが、科学的な経済学の仮定にとってはまったく異質である。それは単に、イギリス経済学と功利主義とが歴史的に結合した偶然の沈殿物なのである。その根源

（5）〔第2版：「類似の手段から得られる異なった人々の満足は、同等に重要であるとは見なさない」に変更。〕
（6）〔第2版：「義務」に変更。〕
（7）〔第2版：「逓減的な相対的効用（無差別曲線が原点に向かって凸であること）」に変更。〕

である功利主義的仮定もそれと結合してきた分析的経済学も、もし分離されればより良いものとなり、より納得のいくものになるであろう。

しかしながら、これがそうではないと仮定してみよう。つまり、慣習的な仮定——個々人の経験は比較することができる、人は他人と同等に満足を知覚できる——を我慢することができると仮定する。そして、この基礎に依りながら進み、ある種の政策が「社会的効用」を増大させる効果を有することを示すのに成功したと仮定する。たとえそうであるとしも、このような結論がそれだけで、この政策が実施されるべきであるという推論を正当化したと主張するのは完全に非論理的

---

(8)　[第2版:「もしこのことが認識されれば」に変更。]
(9)　ダヴェンポート『価値と分配』[36] pp. 301, 571、ベナム「経済的厚生」[3]『エコノミカ』(1930年6月号、pp. 173-187)、およびブラウン『国家経済政策論』[13] pp. 52-44を見よ。アービング・フィッシャー教授は「限界効用」の測定のために、極めて独創的ではあるが完全に論点を回避した統計的方法に対する正当性を与えようと切望していた。その彼でさえ、自らの手順に対して次のように弁解するしか残されていなかった。「哲学的な疑問は、正しく適切である。しかし、生活の諸問題は待っていることができないし、また待っていない」(『ジョン・ベイツ・クラーク記念経済論文集』[47] p. 180)。個人間の限界効用を測定するという問題がとりわけ急を要する問題である、と私には思われない。しかし急であるか否かにかかわらず、フィッシャー教授が慣例的な仮定を施すことによってのみこの問題を解いている、という事実は変わりない。そして、慣例的な仮定が科学的正当性を持つかのように装うことは、いかなる場合においても実際の問題の解決を助けるようには思われない。私が隣人と同じような満足を感知できると言われることで、私がより従順な民主主義者になるというわけではない。むしろ、言いようのない怒りで満ちてしまうだろう。しかし私は、これが事実だと仮定するのは便利であるという説を、完全に喜んで受け入れる。現代の状況では、[効用の個人間比較の]他の仮定に基づいて進行する社会は固有の不安定性を持つ、という議論を私はまったく喜んで受け入れる。しかし、価値の判断が科学的事実の判断であるかのように装うことによって、民主主義が受け入れられ易いものとなりえた日々は去った。(フィッシャー提案に関する詳細な議論については、ビリモヴィエ「限界効用計算に向けたアービング・フィッシャーの統計的方法」[7]『国民経済雑誌』(第1巻 pp. 114-128) を参照せよ。)

であろう。というのも、このような推論は、この意味における満足の増大が社会的な義務なのか否かという、問題全体を避けているからである(10)。そして、経済学的な一般法則の本体には、慣習的な評価の要素を含ませることで上述のように拡大されても、この問題に決着をつける手段を与えるものは何もない。「べきである」を含む命題は、「である」を含む命題とは完全に異なる平面にある。しかし、これについては後で多くを述べるであろう(11)。

第3節　均衡理論の中立性

まったく同じタイプの非難は、価格体系における自由均衡の基準を、同時に「経済学的な正当化」にしようとする試みにも当てはまるだろう。均衡の純粋理論では、様々な経済主体の評価体系と、法的および技術的環境という事実が与えられると、既存の相互関係が向かっていきそうな先である(12)一組の相互関係の体系がいかにして表現しうるのかを我々に理解させてくれる。均衡の純粋理論は、関係する個々人の評価体系が与えられれば、最も十分に需要を満たす資源配分の表現を可能にする。しかしそれ自体では、いかなる倫理的是認を与えることはない。特定の条件下において、他のいかなる代替的条件下よりも需要が十分に満たされるということを示すのは、その一組の条件が望ましいということを証明するわけではない。均衡理論の周辺には、承認という曖昧な領域がまったくない。均衡は、まさに均衡なのである。

---

(10) 心理学的な快楽主義は、それが個人を越えて進んだ［集団に適用された］限りにおいて、非科学的な仮定を含んだかもしれない。しかし、それはそれ自体では、倫理学的な快楽主義に対する必要な正当化ではなかった。
(11) 以下の第4節を参照せよ。
(12) ［第2版：「変化への傾向がまったくないような」に変更。］

もちろん、個人的自由の望ましさ、厳格な統制の欠如、絶えざる独創力が所与であれば、自由な経済均衡の基準と一致することで、上記の規範を満たすと想定する理由が大いにある。(13) 初期賦存の資源が与えられると、——物質的環境や、他の経済主体の側で類似の自由が行使されるという制限のみに束縛されているが——自由な選択の範囲を各個人が確保するということは、均衡概念の本質である。均衡においては、各個人は自らの選好方針に沿って異なる点に自由に動くことができる。しかし、動かない。というのも、仮定された状況では、他のいかなる点も選好されないからである。しかし、選択の自由が究極的な善であると見なされないかもしれない。他の社会的目的と関連させれば、選択に最大限の自由を与える状態を創り出すことは、望ましいことと考えられないかもしれない。ある状況下で、この種の自由を最大限に達成すると示すことは、そうした条件が追求されるべきであるということを示すことではない。

　さらに、価格提示[プライス・オファー][供給側]の中で目的を明確に説明する可能性について、ある種の限界がある。均衡化の傾向が出現する条件を確保するために、ある種の法的装置——価格申込[プライス・ビット][需要側]からは引き出せないものの、均衡化が整然と遂行されるためには必要なもの——が存在せねばならない。(14) 健康についての陰性の条件、つまり感染病からの免疫性は、個人の行為で完全に達成できるような目的ではない。都会であれば、1人の個人がある種の衛生的要求に従わないことが、他

---

(13)　以下の2つの重要な論考を参照。プラント教授の「輸送業における協調と競争」[110]『輸送協会雑誌』(第13巻 pp. 127-136)、および「経営学の動向」[111]『エコノミカ』(第35巻 pp. 45-62)。
(14)　経済活動の法的枠組み——彼はこれを「組織」と呼ぶ——の地位については、ストリーグル博士の前掲書が極めて啓発的である。ストリーグル『経済的範疇と経済の組織』[139] pp. 85-121を参照のこと。

の人全員を伝染病へと巻き込むかもしれない。この種の目的を達成することは、必然的に生産要素を――個々人の資源全体を支出する完全な自由と十分には両立しないような方法で――使用することを意味しなければならない。そして次のようなことが明らかである。すなわち、政治的市民の統一体として機能する社会は、団体を構成している個人に自由な選択を持つ社会よりも、はるかに徹底的に干渉するような目的を明確に説明するするかもしれない。経済分析の全体系それ自体には、こうした目的を善または悪と見なすことを正当化するものは何もない。経済分析は、単に、選択されるかもしれない様々な形態の目的が、生産手段の処分に関してどのような意味を持つかを指摘するだけのことである。

このような理由のため、ある種の政策を表現するために「経済的」や「非経済的」という形容詞を用いることは、非常に誤解を招きやすいものである。我々の元々の定義から生じた経済の基準は、最小の手段によって所与の目的を達成することである。したがって、ある種の政策について、次のように言うことは完全に理解しうることである。すなわち、ある目的を達成するために、必要以上に稀少な手段を使用するのであれば、それは非経済的である。手段の処分に関して、「経済的」や「非経済的」という言葉が完全な明瞭性を伴って使用することができる。

しかし、目的(エンズ)それ自体にこの言葉を用いることは理解しえない。既に見てきたように、経済的な目的はまったく存在しないのである。[15] 所与の目的を達成するのに、経済的または非経済的な方法が存在するだけである。目的が非経済的であるからといって、所与の目的を遂行す

---

(15) 本書、第2章の第2節および第3節を見よ。

ることも非経済的である、とは言えないのである。もし目的が、手段を不必要に浪費することで遂行されるならば、それは非経済的である、と言いうるだけである。

それゆえ、戦争に向かうことが非経済的であると言うことは適切ではない——もし、戦争に必然的伴う結果すべてと犠牲すべてに関して、この予想される結果が犠牲を払うことに値すると結論が下されたならば、ではあるが。不必要な程度の犠牲を払ってでもこの目的を達成しようとするときのみ、戦争が非経済的であるという表現が適切なのである[16]。

もっと明確に「経済的な」——この用語を混乱した一般的な意味で用いるならば——方策の場合も、同じである。公共政策の目的は、価格体系に反映されるような個々人の需要が、所与の条件下で可能な限り十分に満たされるような条件を保護することである、と仮定する。すると、こうした方策を課す人々には一般には知られていないようなごく特別な状況を除いて、小麦に保護関税を課することは、この目的の達成に対して障害となる点で、非経済的であると言うことは合理的なことである。これは明らかに、純粋に中立的な分析から生じるものである。しかし、検討中の対象がこれらの目的にまさるのであれば、そしてもし消費者の価格提示に現れないような目的——例えば、戦争の危険に対して食糧供給を保護すること——を関税がもたらすように設計されているならば、この関税はまさに消費者の困窮をもたらすがゆえに非経済的である、と言うことは適切ではない。つまり、このような状況下でそれを非経済的であるとする唯一の根拠は、手段の不必

---

(16) 以上すべてについては、ミーゼス『共同経済』[93]（初版 pp. 112-116）を参照。

要な犠牲を伴ってこの目的を達成したという言明であろう[17]。

再び、最低賃金規定の問題を検討することにする。均衡水準以上で維持される賃金は、必然的に失業と資本価値の減少とを伴う——これは、理論経済学のよく知られた一般法則である。これは、経済的均衡の理論から導き出された最も初歩的な推論の1つである。大戦以来のイギリスは、この推論が的確であることを長い間かけて証明する歴史である[18]。こうした「静学的な」推論は、賃金の圧力によって引き起こされる「動学的改良」の可能性によってその有効性を失わせる——この一般的な見方は、こうした「改良」それ自体が資本消耗の1つの現れであるという事実を見過ごしていることに依存している[19]。しかし、そのような政策は必ずしも非経済的であるとされるべきではない。そのような政策が課される社会で、ある一定率以下の賃金支払いがないということの利益が、それがもたらす失業および損失を補う以上のものであると、一般に考えられているならば、その政策は非経済的であるとは見なされないであろう。単に不平等性を減少させるという誤った目的のために、このような選好の体系は、真の幸福の要素が明白に増大するのを犠牲にしていると、私的個人としての我々は考えるかもしれない。そのような選好を大事にする人々は、想像力に欠けている

---

(17) ロビンズ「農業の場合」[123]『関税：実例を検討する』[第13章]（ベヴァリッジ編）を参照せよ。
(18) ベーム-バヴェルク「統制あるいは経済法則？」[9]『全集』pp. 230-300 を参照（この論文は最近、オレゴン大学のJ. R. メッツ博士によって『統制あるいは経済法則？』[10]という題名で、英訳された）。また、以下も参照。シュンペーター「分配論の基本原理」[132]『社会科学・社会政策雑誌』（第52巻1916年 pp. 1-8）、W. H. ハット『団体交渉の理論』[66]、ピグー『失業』[106]の第5章〜第6章、およびヒックス『賃金の理論』[63]。[第一次]大戦後の歴史的証拠については、ベナム博士の「賃金・物価及び失業」[4]『エコノミスト』（1931年6月20日号）を参照すべきである。

と考えるかもしれない。しかし、こうした判断を下すのを正当化するようなものは、科学的な経済学には何ら存在しない。経済学は、目的の間においては中立なのである。経済学は、究極的な価値判断の妥当性については判断できない。

第4節　経済学と倫理学

このように考えられた経済学が実践に対して拘束力を持つような一連の原理を内部に提供することができないと、近年ある種の経済学者たちは認識するようになった。そのため、規範的な研究を含むまでに主題の範囲を拡張するべきであると彼らは主張するようになった。例えば、ホートレー氏やJ.A.ホブソン氏は、次のように主張した。経済学は、評価体系や倫理的基準を、これまで説明してきた方法で所与

---

(19)　この点が、もっと一般的に理解されなかったことは、不思議である。というのも、合理化によって「引き起こされる」失業を最も強く非難するのは、たいていこの見方を最も熱烈に提唱している人たちだからである。社会資本の減少に対しても、労働人口全体に対して完全雇用を与える余裕のない産業構造を創りあげてしまうことに対しても、当然のごとく責任を負うべきなのは、より高い賃金水準において有利であるような形態へと資本を転換することが必要であるという点である。合理化とは均衡水準を超える賃金によって引き起こされたものではないのだが、この合理化の結果として永続的な失業が起こりそうだと予期する理由はまったくない。このため、コーリン・クラーク氏の興味深い論文「英国の経済的地位の現状に関する統計的研究」[28]『エコノミック・ジャーナル』(1931、pp. 360-362)で示された統計は、彼が行ったような解釈には役立たない、と思われる。特定の産業における1人あたりの生産増は、増加した一般的な効率性の指標——クラーク氏が「必要性を満たす実質的な力」real want-satisfyingと呼ぶものと関連する——となっているわけでは必ずしもない。数字が記録するのは、平均生産性であって、限界生産性ではない。それは、完全雇用が可能となる限界の位置をまったく考慮していない。完全雇用を可能にさせた資本投資が、他の賃金水準において有益な投資の代替的形態と同じくらい「生産的である」のかという問題——これは、その統計数字によっても完全に知られていないままである。クラーク氏の推論は、本書第3章で議論した「抽象性を誤って具体性に置き換えてしまう経済的な誤謬」[訳 p. 52（注8）]と危険なほど似ている。[第2版：「このため」以下は削除。]

のデータとして考慮するだけでなく、こうした評価体系や基準の究極的な妥当性についても公式に宣告するべきであると。ホートレー氏は、「経済学は、倫理学から分離させることはできない[20]」と言う。

　不幸にも、単なる併置以外の形で、この2つの研究分野を関連付けることは論理的に可能であるとは思われない。経済学は、確認可能な事実を扱う。倫理学は評価体系と義務とを扱う。この2つの研究領域は、同一の言語平面上にはない。実証的研究の一般法則と規範的研究の一般法則との間には、論理的な溝が存在する。そしてこの溝はいかなる工夫によっても隠すことができず、空間的に、または時間的に、どんな併置しても架け橋することができないものである。豚肉の価格は需給の変化に伴い変動するという命題は、豚肉と人間の欲望(インパルス)との関係——これは結局のところ、内省と観察によって検証することができる——という概念から生じる。豚肉を買おうとしているのかどうか、異なった価格においてどのくらいの量の豚肉を買おうとしているのか——我々はこのように人々に尋ねることができる。もしくは、人々が貨幣を持つようになり、豚肉市場の刺激にさらされたときに、彼らがどのような行動をとるかを観察することができる[21]。しかし、豚肉が金銭的に評価されるのは間違っているという命題——異なった人

---

(20)　ホートレー『経済問題』[57] の特に p. 184、および pp. 203-213、またホブソン『富と生活』[64] pp. 112-140を参照のこと。私は「ホートレー氏における経済学の範囲論」[119] と題した論文で、やや詳細にホートレー氏の主張を考察した。この論文の中で、「厚生経済学」という議論に関して、ある意見を述べておいた——今では、かなり異なった言い方で述べるべきだと考えているのだが。さらに当時私は、経済学の一般法則における精確さという考えの本質を理解していなかった。そして私の議論には、経済学(エコノミックス)の批判者に対する1つの極めて不必要な譲歩を含んでいる。しかしながら、ここで議論している主要な点については、前言を撤回するものは私には何もない。そして以下で私は、この論文の最後の方にある段落から、1つか2つの文章を借用した。

種の行動に多大な影響を与えてきた命題であるが——は、このような[市場の観察という]方法では検証されるとは到底考えられない命題である。動詞「すべきである」を含んだ命題と、動詞「である」を含んだ命題とは、本質的に異なる。そして、両者を峻別しておかないことで、あるいは、その本質的差異を認識しないことで、いかなる可能な利益が得られるのかを理解するのは難しい。(22)

　以上すべては、経済学者が倫理的問題について見解を述べてはならない、ということを意味しているわけではない。(23)これは、植物学は美学ではないという議論が、植物学者が庭の設計について自らの見解を持つべきではないということを意味するのではないのと同様である。それどころか、経済学者がこのような問題について長く広範囲にわたって思索を続けてきたことは、非常に望ましい。というのも、この

---

(21) 以上すべてについては、マックス・ウェーバーの説明が実に決定的であると私には思われる。実際、マックス・ウェーバーの方法論のこの部分に対して異議を唱えることができると考えうるのか——私は皆目見当が付かないことを白状する。(ウェーバー「社会学および経済学の「価値自由」の意味」[149]『学問論文集』pp. 451-502を見よ。)

(22) J. A. ホブソン氏は、ホートレー氏に対する私の批判——多少なり似たような言葉で表現されたのだが——の一節に対して論評を加える中で、次のように抗議をしている。「これは、経済的価値と人間的価値との間のいかなる経験的な暫定協定または接触をも認めることを拒絶することである」(ホブソン『富と生活』[64] p. 129)。まさにその通り。が、しかしなぜ——皆の中で——ホブソン氏が不満を言わなければならないのか。私の手順は、ホブソン氏自身が不法侵入だと常に宣言していたこと、つまり「市場の評価が倫理的に尊敬すべきものである」というような「経済学的」推定を、単純に経済学の外へと追い出すことである。もし以上で提示された経済学(エコノミック・サイエンス)の主題の範囲に関する見方が明示的に採用されるのであれば、ホブソン氏による経済学(エコノミック・サイエンス)の手順についての非難の大部分は失敗するであろうと感じざるをえない。

(23) ［第2版：この段落は1ページほど増補されて2つの段落に分かれた。応用経済学の性質と、J.S. ミルの格言「もしある経済学者がそれ以外に取り柄がなかったら、その人は立派な経済学者ではありそうもない」が紹介された。］

ような方法によってのみ、彼らは解決法を求められている問題に含まれる所与の目的に関して、その意味内容を評価することができるからである。我々の方法論的な公理は、専門領域の外側に関心を持ってはいけないと示唆しているわけではない！　我々の主張は、一般法則における［実証と規範という］2つの型の間には、論理的連結は何も存在しない、ということに尽きる。また、一方の結論を強化するために、他方の是認〔サンクションズ〕［道徳的拘束力］に訴えてみても何も得られない、ということに尽きる。

　そして、方法論上の問題とはまったく離れて、このような手順を正当化する非常に実際的な理由がある。政治的闘争で入り乱れる中で、目的についての相違の結果として、あるいは目的を達成する手段についての相違の結果として、意見の相違が生じるかもしれない。第1タイプの相違については、経済学であれ他のいかなる科学であれ、何の解決法も与えることがない。もし目的について意見が一致しなければ、汝の血を流すかもしくは自らの血を流すか、——または、相違の重要性または相手の相対的強さによっては、生きるかまたは生かされるか——という問題になる。しかし、もし手段について意見が一致しないのであれば、科学的分析はその相違を解決するのにしばしば役立つであろう。もし利子を取ることの道徳性について意見が一致しないならば（そして何について話しているのかを理解しているならば）[24]、議論の余地は全然ない。しかし、もし利子率変動に関する客観的含意について意見が一致しなければ、経済分析によって論争を解決できるはずである。高利貸しの倫理を決定するために設置された、ベンサム、ブッダ、レーニン、およびアメリカ合衆国鉄鋼会社の社長から成

---

(24)　以下の第5節を参照せよ。

る委員会の事務局として、ホートレー氏を閉じ込めよ。その時、ホートレー氏が「合意文書」を作成しうるということはありそうにない。同じ委員会に、割引率を国家が規制することの客観的結果を決定させよ。その際には、満場一致の——あるいは、ともかく大多数が承認するものの、レーニンはおそらく承伏しないだろう——報告書を作成するのに、人間の知恵を越えるはずがないのである。本当は避けられるはずの意見の相違があまりにもよくある世界において、できる限りの合意を確保するために、この種の解決が望むべくもない研究領域から、それが可能な研究領域を注意深く区別することは、確かに価値のあることである。⁽²⁵⁾道徳哲学および政治哲学というさらに議論の余地がある領域から、科学という中立的な領域を峻別することは価値がある。

---

(25) 実際もちろん、そのようなことは科学的な経済学が登場して以来ずっと、「正統派」伝統にある経済学者の習慣であった。例えば、カンティロン『商業試論』[24]（ヒッグス版）p. 85［第1部第15章］／訳57頁を参照せよ。「住人の極めて大多数に貧しく悪い生活をさせることが、より少ない住人にはるかに気楽な生活をさせることよりも良いのか——この問題もまた、私の主題外の問題である」。また、リカード『マルサス経済学原理評注』[116] p. 188［スラッファ版 p. 338］／訳426頁も見よ。「セイ氏によって十分に述べられてきたように、助言することは経済学者の本分ではない。——経済学者は、どうすれば裕福になれるかを教えることはできるのであって、あなたが怠惰よりも富を、あるいは富よりも怠惰であることを選好するようには助言すべきではない」。もちろん、快楽主義的偏見を持ちつつ研究してきた経済学者たちの中には、時折、この二種類の命題［事実と意見］の混同があった。しかし、これは一般的に言われるほどには起きていない。偏見であるという申立ての多くは、経済分析が解明する事実を信じたくないことから生じている。均衡点を超える実質賃金は失業を必然的にもたらす。この命題は、理論経済学における最も基礎的な命題の1つから、完全に中立的に推論されたものである。しかしある種の集団では、この命題を述べれば必ず、たとえ邪悪な興味であると非難されないとしても、少なくとも、貧者や不幸な人々に対する絶望的な偏見があると非難されてしまう。同様に現在では、輸入品に対する一般的関税はわが国の輸出品に対する外国の需要に影響するという平凡な説を発表すれば必ず、自国の裏切り者と見なされてしまう。

第5節　経済学の意義

しかしそうすると、経済学(エコノミック・サイエンス)の意義は何であろうか。一般法則の内部構造において、経済学は実践において拘束力があるような規範(ノルム)を与えるものではない、ということを既に見てきた。異なった目的の望ましさの中で、どれかに決めることはできない。経済学は根本的に、倫理学とは異なるのである。それでは、疑念の余地がないその意義はどこに存在するのであろうか。

確かにそれは、まさに次の点にある。すなわち、我々が究極的なものの選択に直面した時に、自らが選択しつつあるものの意味内容について、完全に知った上で選択できるということである。あれかこれかを選ぶという問題に直面した時、この究極的な決定のために経済学に頼ることはできない。経済学の中には、我々を選択する義務から逃れさせる［1つだけに決める］ようなものは何もない。選好の究極的問題を決定できるような科学はどこにも存在しない。しかし合理的であるためには、自らの選好するものが何であるかを知っておかなければならない。代替となる選択肢の客観的な意味内容を知っていなければならない。というのは、選択における合理性とは、却下された代替物について完全に知っている状態で選択すること以上でも以下でもないのである。そして、経済学がその実践的意義を獲得するのは、まさにここなのである。我々が選択する様々な目的の意味内容を、経済学は明らかにしてくれるのである。自らが望むものが何であるかを知った上で、望むことができるのである。我々は、相互に矛盾のない複数の目的から成る体系を選択することが可能となる(26)。

1つか2つの例によって、これは極めて明白になろう。ある選択行為の意味内容が解明される場合から始めよう。ここで再び、既に考察してきた例――保護関税の賦課――に戻ることにする。既に見てきたように、このような政策が良いか悪いかと言うことを正当化するもの

は、科学的な経済学には何もない。もしこのような政策がそこに含まれる犠牲を十分に意識した上で決定されるのであれば、それが非経済的であると見なす根拠は何もない、ということを我々は決めてきた。集団的に活動する市民の組織が、国防や田園の保存といった目的のために、消費者としてのいくつかの選択を断念させるような道をよくよく考えて上で選ぶことは、——もし何がなされているのかを十分に知っている中で、なされるのであれば——非経済的もしくは非合理的であるとは評せないのである。しかし当該の市民が、自らの採りつつある措置の客観的な意味内容を十分に意識していないのであれば、上のような事情は異なるであろう。そして、広大な現代社会においては、複雑な経済分析で結果を出してみないと、彼らはこのような知識を持ち得ないのである。教育を受けた人でさえ、大多数は、例えば農業の保護が望ましいかどうかを決めるように求められると、このような政策によって保護される産業への影響を考えるに過ぎない。このような政策がその産業にとって利益を与えそうであることを知り、ゆえにこの政策が良いと主張する。しかしもちろん、1年生であれば誰しもが知っているように、問題が始まるのはここなのである。この関税のさらなる影響を判断するためには、分析的手法が必要である。このようなわけで、経済学の教育水準が高くない国々では、ますます保護

---

(26) 可能となる一貫性は、目的（エンズ）の一貫性ではなく達成（アチーブメント）の一貫性である——おそらく、これは強調しておくのが望ましいであろう。1つの目的を達成することは、別の目的を達成することと次のいずれかで矛盾すると考えられる。すなわち、評価の平面においてか、または客観的可能性の平面においてである。このため、一度に2人の主人に仕えることは、倫理的に矛盾していると考えられうる。異なる場所で、同一の時間に別々の人と一緒にいるように取りはからうことは、客観的に矛盾している。科学的な経済学が取り除くことを可能とすべきものは、社会政策の領域における後者［客観的可能性の平面］の類の矛盾である。

関税を是認しようとする不断の傾向が存在する。

　このような分析の効用は、単一の関税賦課といったような単発的な方策に関する決定に限られる、と見なされるべきではない。経済分析によって、より複雑な政策体系を判断することができる。それによって、以下のようなことが分かる。すなわち、どのような目的の組み合わせが相互に両立できるのか、またできないのか、そしてこのような両立性はいかなる条件に依存するのかについて、である。そして実際、もし政策が合理的であるべきならば、このような手法いくらかを保有することが不可欠となるのは、まさにこの場合である。分析からそれほど多くの助けを得ることなく、個々人の評価を無視した特定の社会的目的を合理的に達成しようとすることは、まさに可能かもしれない。絶対不可欠な食糧の供給を保護する補助金の場合が、好例である。このような分析用具を借りることなく、綿密に練られた政策を遂行することはほとんど考えられない。[27]

　貨幣政策の領域から一例を挙げよう。様々な貨幣領域において状況が異なる比率で変化しつつある世界では、安定的物価と安定的為替とを同時に達成することは不可能である。これは、貨幣理論の最重要な原理からの逃れられない推論である。[28] この2つの目的は論理的に両立しない。この場合、「目的（エンズ）」が政策の別の重要な規範に従属的なの

---

[27]　「社会生活の問題はあまりに複雑なため、経済分析によって判断できない」と絶えず主張する人々にとって、以上すべては十分な回答となるはずである。社会生活はあまりに錯綜としているから、その一部でも理解しようとするのであれば、経済分析は必要である。最も単純な知的気質や感情的気質を持っていることを証明する人々は、たいてい生活の複雑なこと、そしていかなる種類の論理的分析に対して人間の行動が影響を受けないことについて最も多く語る人々である。人間行動の源泉にある非合理的なものを実際に一瞥したことがある人であれば、それが論理によって葬れるというような「憂慮」を何ら持っていないだろう。

は、極めて明らかである。2つの目的のうち、一方または他方を達成しようと試みることはできる。価格の安定が永続的に達成可能なものか、あるいは一般に均衡に寄与するものであるか、これらについては確かではないのだが。しかし、論理的に両方を求めようとすることはできないのである。もし求めれば、崩壊が起こるにちがいない。こうした結論は、すべての経済学者によく知られていることである。しかし、いくつかの分析用具がなければ、問題となっている2つの目的が両立しえないということをほとんどの人が理解できないだろう!

　そして、これでさえも狭い例である。経済分析がなければ、社会の代替的体制の中から合理的な選択をすることは可能ではない。既に見てきたように、もし収入の不平等を許容する社会自体を悪と見なし、そして、平等社会を他の何よりも追求されるべき目標を示すと考えるのであれば、そのような選好を非経済的と見なすのは正しくない。しかし、それに伴う犠牲の性質を十分に知った上でそのような選好がなされるのでなければ、それを合理的であると見なすことはできない。そして、資本主義メカニズムの本質的性質のみならず、代替として提示された社会形態が免れ得ない必然的な条件・制約を理解していないのであれば、合理的な判断はできない。もし、この目的を達成するとどのような犠牲を伴うのかを認識していないのであれば、ある特定の目的を求めることは合理的ではない。そして、このように代替物を究極的に比較検討する際には、現代の経済分析が持つ意味内容を完全に知った上でのみ、合理的に判断する能力が与えられる。[29]

---

(28)　ケインズ『貨幣改革論』[70] pp. 154-155［全集第4巻 pp. 125-126］／訳130-131頁を参照せよ。また、デニス・ロバートソン氏の興味深い論考「我々は金にどのように動いて欲しいのか?」[125]『金の国際問題』pp. 18-46所収も参照。

しかし、もしそうであるならば、経済学に対して何らかのヨリ大きな地位を要求する必要があるのだろうか。我々は自らが行っていることを認識していない、ということは時代の重荷ではないだろうか。行きづまりを求めるからではなく、複数の目的が両立しないことを認識していないがゆえに、両立しえない目的を求める——我々の困難は、まさにこの事実のためではないだろうか。現代社会においては、いくらかの衝突が不可避であるとするような究極的な目的に関して相違が存在することは、もっともなことである。しかし、我々の最も差し迫った困難の多くは、このような理由ではなく、我々の目的が調整されていないために生じる、ということは明らかである。消費者として我々は安価を求め、生産者として我々は保護を選択する。私的な消費者そして貯蓄者として、生産要素のある1つの配分を評価する。公民として、この配分の達成を妨げるような取り決めを認める。低利の貨幣とヨリ低い物価、そして、ヨリ少ない輸入とヨリ多くの貿易を求める。社会における様々な「目的組織」は、同一の個々人によって構成されているものの、異なる選好を明確に示す。至る所で我々の困難は、国家における様々な国民の間に存在する不一致というよりはむしろ、いわば、その各人における分裂した人格から生じるように思われるのである。

そのような状況に対して、経済学は知という触媒をもたらす。それによって我々は、政策の代替的可能性の広範にわたる意味内容を考え

---

(29) これに関連して、上に引用したミーゼス教授の著作を参照すべきである。また、ルートヴィッヒ・ポーレ『資本主義と社会主義』[113]、ハーム『社会主義は経済的に可能か?』[56]、そして N. G. ピアソン「社会主義社会における価格問題」[104]『経済および社会政策誌』(第4巻 pp. 607-639) も見よ。
(30) 参考としてブラウン『国家経済政策論』[13] p. 5を参照。

ることができる。それによって我々は、代替物の間で選択するという必然性を回避することができるわけではない。そしてまた、回避しえない。しかし、経済学は、我々の様々な選択を調和へと導くことは可能である。経済学は、人間の行動に対する究極的な制約を取り除くことはできない。しかし、これら制約の中で、矛盾なく行動することを可能にする。経済学は、現代世界に住む人々のために、その拡張された知覚器官として、無限の相互連結や関係性をもたらしてくれる。経済学は、合理的な行動の技法を与えてくれるのである。

第6節　経済学と合理性[32]

こうしてこれが、経済学は人間社会における合理性を仮定する、と真に言い得る意味である。とても頻繁に申し立てられてきたように、追求される目的が相互に矛盾していないという意味において、行動は必然的に合理的である、と経済学が偽って述べているわけではまったくない。経済学の一般法則には、究極的な評価における内省的熟考を必然的に意味するものは何もない。経済学は、個々人が合理的に行動するという仮定にまったく依存しない。しかし経済学は、その実践的な存在理由のために、個々人はそうすることが望ましいという仮定にまさに依存するのである。必要の範囲内において、調和的に達成されうるような複数の目的を選択することが望ましい、ということを経済学はまさに仮定するのである。

---

(31)　このように経済分析は、公法における主権の理論に関する最近の議論に対してしばしば注意が払われた現象のさらなる例を明らかにする。フィッギス『近代国家における教会』[44]、メイトランド「序論」[80]『中世政治理論』（原著ギールケ）、およびラスキ『主権問題［の研究］』[76]、ラスキ『近代国家における権威』[77] を参照。
(32)　［第2版：第6節という区切りは廃止され、第5節に吸収された。］

そしてしたがって、結局、経済学は、その存在のためにではなく、少なくともその意義のために、究極的な評価——合理性と、知識を持った上で選択できる能力とが望ましいという確信——にまさに依存するのである。もし非合理性が、つまりもし絶え間ない外的な刺激と未調整の衝動という盲目的な力に身を委ねることが、他の何にもまして選好されるべき善であるとするならば、経済学の存在理由が消えてなくなるというのは真実である。そして、この究極的な否定——すなわち、いまだ生まれていない国家という深い潜在意識を熱望すること、意識的になってきた選択の悲劇的な必然性からの逃亡すること⁽³³⁾——を支持しようとする人々が現れてきたことは、我々の時代の悲劇である。我々は同胞争いにより血まみれとなり、知的指導者であるべきだった人々によってほとんど信じられないまでに裏切られたのである。このような人々すべてについては、いかなる議論も存在しえない。死を愛する状態にあれば、彼らの愛は自らをしのぐであろう。彼らにとって、人生を踏み外す道以外、「出口」はありえないのである。⁽³⁴⁾しかし、より積極的な価値をいまだ肯定する人々にとっては、他の何にもまして、社会的な取り決めにおける合理性の象徴であり衛兵でもある知識の分野［経済学］は、来たるべき憂慮される時代において、経済学が意味するものに対して上述の脅威が存在するというまさにその理由によって、特別で際立った意義を持たなければならないのである。

（33）［第2版：熱望（理想的な体制への夢想）の部分は削除。］
（34）［第2版：この2つの文は「理性に対する反逆は、本質的には人生そのものに対する反逆である」に置き換えられた。］

参照文献一覧

[以下は、ロビンズが主に脚注で触れている文献について、多くの誤記を訂正し、完全な書誌情報を付加して一覧にしたリストである。多くの版が存在する場合、参照した蓋然性の高いものを推測して載せた。なお文献番号1．2．…は、本文の番号［1］［2］…に対応している。——訳者］

1. Amonn, A.（1927 [1911]）*Objekt und Grundbegriffe der theoretischen Nationalökonomie*, zweite erweiterte Auflage, Wien und Leipzig: F. Deuticke.（山口忠夫訳『理論經濟學の對象と基礎概念』有斐閣、1937年［第1編から第3編のみ訳出］。）

2. Bailey, S.（1825）*A Critical Dissertation on the Nature, Measures, and Causes of Value: Chiefly in Reference to the Writings of Mr. Ricardo and His Followers*, London: Printed for R. Hunter.（鈴木鴻一郎訳『リカアド価値論の批判』日本評論社、1941/1947年。）

3. Benham, F. C.（1930）"Economic welfare", *Economica*, 29: 173-187.

4. Benham, F. C.（1931）"Wages, prices and unemployment", *The Economist*, 4582（20th June 1931）: 1315-1316.

5. Beveridge, W. H.（1921）"Economics as a liberal education", *Economica*, 1: 2-19.

6. Beveridge, W. H.（1928）*British Food Control*, London, New Haven: Humphrey Milford: Oxford: Oxford University Press, Yale University Press.

7. Bilimović, A.（1930）"Irving Fisher's statistische Methode für die Bemessung des Grenznutzens", *Zeitschrift für Nationalökonomie*, 1: 114-128.

8. Böhm-Bawerk, E. von（1921 [1889]）, *Positive Theorie des Kapitals* (*Kapital und Kapitalzins,* 2. Abt.), 4 Auflage, Jena: Gustav Fischer.

9. Böhm-Bawerk, E. von（1924 [1914]）"Macht oder ökonomisches Gesetz?", In *Gesammelte Schriften, von Eugen von Böhm-Bawerk*, herausgegeben von Franz X. Weiss, Wien: Hölder-Pichler-Tempsky, 230-300. (*Zeitschrift für Volkswirtschaft, Sozialpolitik und Verwaltung*, 23: 205-271.)

10. Böhm-Bawerk, E. von（1931）*Control or Economic Law?*, translated from Böhm-Bawerk（1914）by J. R. Mez, with an introduction by F. W. Taussig, Eugene, Oregon [S. N.].

11. Bonn, M. J.（1926）*Das Schicksal des Deutschen Kapitalismus*, Berlin: S. Fischer.

12. Bowley, A. L.（1919）*The Division of the Product of Industry: an analysis of national income before the War*, Oxford: The Clarendon Press.

13. Braun, M. S.（1929）*Theorie der Staatlichen Wirtschaftspolitik*, Leipzig; Wien: F. Deuticke.

14. Brutzkus, B. von（1928）*Die Lehren des Marxismus im Lichte der russischen Revolution*, Berlin: Hermann Sack.

15. Brutzkus, B. von（1931）"Planwirtschaft und Marktwirtschaft in der Sowjetunion", *Der deutsche Volkswirt: Zeitschrift für Politik und Wirtschaft*, 5（32）, Den 8. MAI: 1073–1077.

16. Cannan, E.（1888）*Elementary Political Economy*, London: H. Frowde.（福本栄訳『キャナン経済学綱要』巌松堂書店、1925年［第3版の訳］。）

17. Cannan, E.（1893）*A History of the Theories of Production and Distribution in English Political Economy from 1776 to 1848*, London: Percival.（渡邊一郎訳『分配論』聚芳閣、1926年［原書の第6章～第9章、分配論のみ訳出］。）

18. Cannan, E.（1912）*The Economic Outlook,* London: T. F. Unwin.

19. Cannan, E.（1914）*Wealth: a brief explanation of the causes of economic welfare*, first edition, London: King & Son.（伊藤眞雄訳『富』弘文堂、1919年。）

20. Cannan, E.（1923［1918］）*Money: its connexion with rising and falling prices*, fourth edition, Westminster: P. S. King.

21. Cannan, E.（1927）*An Economist's Protest*, London: P. S. King.
22. Cannan, E.（1928）*Wealth: a brief explanation of the causes of economic welfare*, third edition, London: P. S. King.
23. Cannan, E.（1929）*A Review of Economic Theory*, London: P. S. King.
24. Cantillon, R.（1931 [1755]）*Essai sur la Nature du Commerce en Général*, edited with an English translation and other material by Henry Higgs, London: Macmillan.（津田内匠訳；アダム・スミスの会監修『商業試論』名古屋大学出版会、1992年。）
25. Cassel, G.（1925）*Fundamental Thoughts in Economics*, London: T. Fisher Unwin.（石川義昌・川西正鑑共訳『新經濟學概論』富文堂、1926年。）
26. Churchill, W.（1929）*The World Crisis 1918-1922（vol. 5）: the aftermath*, London: Macmillan.
27. Clapham, J. H.（1929）*The Study of Economic History: an inaugural lecture*, Cambridge: At the University Press.
28. Clark, C. G.（1931）"Statistical studies relating to the present economic position of Great Britain", *The Economic Journal*, 41（163）: 343-369.
29. Clark, J. B.（1886）*The Philosophy of Wealth: economic principles newly formulated*, Boston: Ginn & Company.（浜田文治訳『哲理経済論』メソヂスト出版舎、1895年。）
30. Clark, J. B.（1907）*Essentials of Economic Theory as Applied to Modern Problems of Industry and Public Policy*, New York: Macmillan.
31. Clark, J. M.（1926）*Social Control of Business,* Chicago: University of Chicago Press.

32. Čuhel, F. (1907) *Zur Lehre von den Bedürfnissen: theoretische Untersuchungen über das Grenzgebiet der Ökonomik und der Psychologie*, Innsbruck: Wagner Universitäts-Buchhandlung.

33. Cunningham, W. (1890) *The Growth of English Industry and Commerce During the Early and Middle Ages*, Cambridge: Cambridge University Press.

34. Dalton, H. (1920) *Some Aspects of the Inequality of Incomes in Modern Communities*, London, New York: Routledge, E.P. Dutton.

35. Dalton, H. (1929 [1923] *Principles of Public Finance* (Studies in Economics and Political Science, No. 66), second edition, London: George Routledge & Sons. (楠井隆三訳『財政學』[初版の訳] 日本評論社、1927年。)

36. Davenport, H. J. (1908) *Value and Distribution: a critical and constructive study*, Chicago: University of Chicago Press.

37. Davenport, H. J. (1913) *The Economics of Enterprise*, New York: Macmillan.

38. Edgeworth, F. Y. (1881) *Mathematical Psychics: an essay on the application of mathematics to the moral sciences*, London: C. Kegan Paul.

39. Edgeworth, F. Y. (1925a) "The pure theory of taxation", In *Papers Relating to Political Economy*, volume 2: 63-125, New York: Flanklin.

40. Edgeworth, F. Y. (1925b) "Böhm-Bawerk on the ultimate standard of value", In *Papers relating to Political Economy*, volume 3: 59-64, New York: Flanklin.

41. Fetter, F. A. (1915) *Economic Principles* (*Economics volume 1*), New York: Century Co.

42. Fetter, F. A.（1916）*Manual of References and Exercises in Economics: for use with volume 1. economic principles*, New York: The Century.
43. Fetter, F. A.（1927）"Amerika", In *Gesamtbild der Forschung in den einzelnen Ländern*,（Die Wirtschaftstheorie der Gegenwart. Bd. 1）, edited by Aarum, Thorvald *et al*, Wien: J. Springer, 31-60.
44. Figgis, J. N.（1913）*Churches in the Modern State*, London: Longmans, Green.
45. Fisher, I.（1897）"Senses of 'capital'", *The Economic Journal*, 7（2）: 199-213.
46. Fisher, I.（1906）*The Nature of Capital and Income*. New York; London: Macmillan.（大日本文明協会編『資本及収入論』大日本文明協会、1913年。）
47. Fisher, I.（1927）"A statistical method for measuring 'marginal utility' and testing the justice of a progressive income tax", In *Economic Essays: contributed in honor of John Bates Clark*, edited by J. H. Hollander, New York: Macmillan, 157-193.
48. Gossen, H. H. von（1889）*Entwicklung der Gesetze des menschlichen Verkehrs und der daraus fliessenden Regeln für menschliches Handeln*, Berlin: R. L. Prager.
49. Graham, F. D.（1930）*Exchange, Prices and Production in Hyperinflation: Germany, 1920-1923*, Princeton: Princeton University Press.
50. Gregory, T. E. and H. Dalton eds.; with a foreword by Sir William Beveridge（1927）*London Essays in Economics: in honour of Edwin Cannan*, London: Routledge.
51. Haberler, G. von（1924）"Kritische Bemerkungen zu Schumpeters

Geldtheorie: Zur Lehre vom 'objektiven' Tauschwert des Geldes", *Zeitschrift für Volkswirtschaft und Sozialpolitik* Neue Folge, 4: 647-668.

52. Haberler, G. von (1927) *Der Sinn der Indexzahlen: eine Untersuchung über den Begriff des Preisniveaus und die Methoden seiner Messung*, Tübingen: J. C. B. Mohr.

53. Haberler, G. von (1930) "Die Theorie der komparativen Kosten und ihre Auswertung für die Begründung des Freihandels", *Weltwirtschaftliches Archiv*, 32: 349-370.

54. Halberstaedter, H. von (1925) *Die Problematik des Wirtschaftlichen Prinzips*, Berlin: W. de Gruyter.

55. Halm, G. N. (1929a) *Die Konkurrenz: Untersuchungen über die Ordnungsprinzipien und Entwicklungstendenzen der kapitalistischen Verkehrswirtschaft*, München: Dunckeer & Humblot.

56. Halm, G. N. (1929b) *Ist der Sozialismus wirtschaftlich möglich?* Berlin: Junker und Dünnhaupt.

57. Hawtrey, R. G. (1925) *The Economic Problem*, London: Longmans, Green.

58. Hayek, F. A. von (1928) "Das intertemporale Gleichgewichtssystem der Preise und die Bewegungen des "Geldwertes"", *Weltwirtschaftliches Archiv*, 28: 33-76.

59. Hayek, F. A. von (1929) *Geldtheorie und Konjunkturtheorie* (Beiträge zur Konjunkturforschung, 1), Wien; Leipzig: Hölder-Pichler-Tempsky A.G. (古賀勝次郎・谷口洋志・佐野晋一・嶋中雄二・川俣雅弘訳『貨幣理論と景気循環. 価格と生産 (ハイエク全集 第Ⅰ期第1巻)』(新版) 春秋社、2008年。)

60. Hayek, F. A. von (1931) *Prices and Production*, with a foreword

by Lionel Robbins, Studies in economics and political science no. 107, London: G. Routledge.

61. Heckscher, E. F. (1929) "A plea for theory in economic history", *Economic History* (A supplement to *The Economic Journal*), 1 : 525-534.
62. Hicks, J. R. (1931) "The theory of uncertainty and profit", *Economica*, 32: 170-189.
63. Hicks, J. R. (1932) *The Theory of Wages*, London: Macmillan. (内田忠壽訳『賃銀の理論』東洋経済新報社、1952年。)
64. Hobson, J. A. (1929) *Wealth and Life: a study in values*, London: Macmillan.
65. Horner, F. (1803) "Canard's *Principes d'Économie Politique*", *The Edinburgh Review*, 2 , 431-450.
66. Hutt, W. H. (1930) *The Theory of Collective Bargaining: a history, analysis and criticism of the principal theories which have sought to explain the effects of trade unions and employers' associations upon the distribution of the product of industry*, London: P. S. King.
67. Jevons, W. S. (1871) *Theory of Political Economy*, London and New York: Macmillan.
68. Jones, R. (1833) *An Introductory Lecture on Political Economy: delivered at King's College, London, 27th February, 1933: to which is added a Syllabus of a course of lectures on the wages of labor, to be delivered at King's College, London in the month of April, 1833*, London: John Murray, reprinted in Jones, R. (1859) *Literary Remains: consisting of lectures and tracts on political economy of the late Rev. Richard Jones*, edited by William Whewell, London:

John Murray: 538-579.

69. Kaufmann, F. (1931) "Was kann die mathematische Methode in der Nationalökonomie leisten?", *Zeitschrift für Nationalökonomie*, 2 (5): 754-779.

70. Keynes, J. M. (1923) *A Tract on Monetary Reform*, London: Macmillan.（*The Collected Writings of John Maynard Keynes*, Volume 4, published in 1971, London: Macmillan.）（中内恒夫訳『貨幣改革論』（ケインズ全集第4巻）東洋経済新報社、1978年。）

71. Keynes, J. M. ed. (1926) *Official Papers by Alfred Marshall*, London: Macmillan.

72. Knight, F. H. (1921a) *Risk, Uncertainty and Profit*（Hart, Schaffner & Marx Prize Essays, No. 31）, Boston: Houghton Mifflin.（奥隅榮喜訳『危險・不確實性および利潤』現代経済学名著選集／明治大学経済学研究会企画・翻訳；春日井薫［ほか］責任監修、6、文雅堂書店、1959年。）

73. Knight, F. H. (1921b) "Cassel's Theoretische Sozialökonomie", *The Quarterly Journal of Economics*, 36(1): 145-153.

74. Knight, F. H. (1924) "The limitations of scientific method in economics", In *The Trend of Economics*, edited by R. Tugwell, New York: Afred A. Knopf, 229-267.

75. Landry, A. (1908) *Manuel D'Économique: A l'usage des Facultés de Droit*, Paris: V. Giard & E. Brière.

76. Laski, H. J. (1917) *Studies in the Problem of Sovereignty*, New Haven, London: Yale University Press, Humphrey Milford: Oxford University Press.

77. Laski, H. J. (1919) *Authority in the Modern State*, New Haven, London: Yale University Press.

78. Leontieff, W. (1929) "Ein Versuch zur Statistischen Analyse von

Angebot und Nachfrage", *Weltwirtschaftliches Archiv*, 30: 1-53.

79. Machlup, F. (1930) "Transfer und Preisbewegung", *Zeitschrift für Nationalökonomie*, 1 (4): 555-560.

80. Maitland, F. W. (1900) "Translator's introduction", In *Political Theories of the Middles Age*s, Cambridge: Cambridge University Press: 7-45. Translated from Gierke, O. (1881) *Die Staats- und Korporationslehre des Alterthums und des Mittelalters und ihre Aufnahme in Deutschland*, Berlin: Weidmann.

81. Marshall, A. (1920 [1890]) *Principles of Economics*, 8 th edition, London: Macmillan.(馬場啓之助訳『経済学原理』（全 4 巻）東洋経済新報社、1965-1967年。)

82. Marshall, A. (1923) *Money Credit and Commerce*, London: Macmillan.（永沢越郎訳『貨幣信用貿易』岩波ブックサービスセンター、1988年。）

83. Mayer, H. (1921/22) "Untersuchungen zu dem Grundgesetze der Wirtschaftlichen Wertrechnung", *Zeitschrift für Volkswirtschaft und Sozialpolitik*, Neue Folge, 1 : 431-458, 2 : 1-23.

84. Mayer, H. (1925) "Produktion", In *Handwörterbuch der Staatswissenschaften*, 4 . gänzlich umgearbeitete Aufl, Bd. 6 . (Kriminalstatistik-Reklamesteuer), Elster, von L., Weber, und A. Wieser, F. (herausgegeben), Vierte Auflage, Jena: G. Fischer, 1108-1122.

85. Mayer, H. (1927) "Friedrich Wieser zum Gedächtnis", *Zeitschrift für Volkswirtschaft und Sozialpolitik*, 5 : 633-645.

86. McCulloch, J. R. (1888) *The Works of David Ricardo: with a notice of the life and writings of the author*, London: J. Murray.（羽鳥卓也・吉澤芳樹訳『経済学および課税の原理（上・下)』岩波文庫、1987年。）

87. McCulloch, J. R.（1925）*The Principles of Political Economy: with a sketch of the rise and progress of the sciences*, Edinburgh: William and Charles Tait.

88. Menger, C.（1871）*Grundsätze der Volkswirtschaftslehre*（1 te aufl.）, Wien: Wilhelm Braumüller.（安井琢磨・八木紀一郎訳『国民経済学原理』日本経済評論社、1999年。）

89. Menger, C.（1884）*Die Irrthümer des Historismus in der Deutschen Nationalökonomie*, Vien: Alfred Hölder.（吉田昇三訳「ドイツ経済学における歴史主義の誤謬」福井孝治・吉田昇三訳『経済学の方法』日本経済評論社、1986年、295-366頁。）

90. Mill, J. S.（1872［1843］）*A System of Logic, Ratiocinative and Inductive: being a connected view of the principles of evidence, and the methods of scientific investigation*, 8 th edition, London: John W. Parker.（大関将一・小林篤郎訳『論理学体系』（全6巻）春秋社、1950, 1958, 1959年。）

91. Mill, J. S.（1844）*Essays on Some Unsettled Questions of Political Economy*, London: John W. Parker.（末永茂喜訳『經濟學試論集』岩波文庫、1936年。）

92. Mill, J. S.（1862［1848］）*Principles of Political Economy: with some of their applications to social philosophy*, 5 th edition, London: Parker, son & Bourn.（末永茂喜訳『経済学原理』（全5巻）岩波文庫、1959-1963年。）

93. Mises, L. von（1922）*Die Gemeinwirtschaft: Untersuchungen über den Sozialismus*, Jena: Gustav Fischer.

94. Mises, L. von（1924［1912］）*Theorie des Geldes und der Umlaufsmittel*, 2., neubearbeitete Aufl, München; Leipzig: Duncker & Humblot.（東米雄訳『貨幣及流通手段の理論』日本経済評論社、1980

年。）

95. Mises, L. von (1929) "Soziologie und Geschichte", *Archiv für Sozialwissenschaft und Sozialpolitik*, 61(3): 465-512.

96. Mises, L. von (1931) "Vom Weg der Subjektivistischen Wertlehre", *Schriften des Vereins für Sozialpolitik*, 183: 79-93.

97. Mitchell, W. (1924) "The prospects of economics", In *The Trend of Economics*, Borzoi text books, by Morris Albert Copeland ... [*et al.*]; edited, with an introduction, by Tugwell, R. G., New York: A. A. Knopf: 3 -34.

98. Mitchell, W. (1927) *Business Cycles: the problem and its setting*, New York: National Bureau of Economic Research.（春日井薫訳『問題とその設定』文雅堂書店、1961年。）

99. Morgenstern, O. (1927) "International Vergleichende Konjunkturforschung", *Zeitschrift für die Gesamte Staatswissenschaft*, 83(2): 261-290.

100. Morgenstern, O. (1931a) "Bemerkungen über die Problematik der Amerikanischen Institutionalisten", In *In onore e ricordo di Giuseppe Prato: Saggi di Storia e Teoria Economica*, by Giuseppe PRATO; Regio Istituto superiore di scienze economiche e commerciali (TURIN), Torino: Tipografia Baravalle & Falconieri, 333-350.

101. Morgenstern, O. (1931b) "Die Drei Grundtypen der Theorie des Subjektiven Wertes", *Schriften des Vereins für Sozialpolitik*, 183 (1): 1 -42.

102. Oswalt, H. (1905) *Vorträge über wirtschaftliche Grundbegriffe*, Jena: Gustav Fischer.

103. Pareto, V. (1896/97) *Cours d'économie politique: professé à l'Université de Lausanne*, Lausanne: F. Rouge.

104. Pierson, N. G. (1925) "Das Wertproblem in der sozialistischen Gesellschaft", *Zeitschrift für Volkswirtschaft und Sozialpolitik*, Neue Folge, 4 : 607-639.

105. Pigou, A. C. (1906) *Protective and Preferential Import Duties*, London: Macmillan.

106. Pigou, A. C. (1913) *Unemployment*, London: Williams & Norgate.

107. Pigou, A. C. (1920) *The Economics of Welfare*, London: Macmillan. (気賀健三ほか訳『ピグウ厚生経済学』(全4巻) 東洋経済新報社、1953-1955年 (1965年改訂重版)。)

108. Pigou, A. C. (1923) *Essays in Applied Economics*, London: P. S. King.

109. Pigou, A. C. (1933) *The Theory of Unemployment*, London: Macmillan. (篠原泰三訳『失業の理論』實業之日本社、1951年。)

110. Plant, A. (1932a) "Competition and co-ordination in transport", *The Journal of the Institute of Transport*, 13(3): 127-136.

111. Plant, A. (1932b) "Trends in business administration", *Economica*, 35: 45-62.

112. Plant, A and F. C. Benham (1931) "Tariff-making in practice", In *Tariffs*: *the case examined*, edited by Beveridge, W. H., London: Longmans, Green and Co., 185-209.

113. Pohle, L. (1931 [1919]) *Kapitalismus und Sozialismus*. 4. völlig neugestaltete und wesentlich erweiterte Aufl., herausgegeben, bearbeitet und erg. von Georg Halm, Berlin: J. Springer. (堀経夫訳『資本主義と社会主義』岩波書店、1922年。)

114. Quesnay F. (1894 [1758]) *Tableau Economique*, London: Macmillan. (平田清明・井上泰夫訳『ケネー経済表』岩波文庫、2013年。)

115. Ricardo, D. (1817) *On the Principles of Political Economy and*

Taxation, London: John Murray.（羽鳥卓也・吉澤芳樹訳『経済学および課税の原理』（上・下）岩波文庫、1987年。）

116. Ricardo, D.（1928）*Notes on Malthus's "Principles of Political Economy"*, edited with an Introduction and Notes by Hollander, J. H. and Gregory, T. E. Baltimore: Johns Hopkins Press.（鈴木鴻一郎訳『マルサス経済学原理評注（デイヴィド・リカードウ全集／デイヴィド・リカードウ著；P. スラッファ編；M.H. ドッブ協力、第 2 巻)』雄松堂書店、1971年。）

117. Rickert, H.（1896a）*Die Grenzen der Naturwissenschaftlichen Begriffsbildung: eine logische Einleitung in die historischen Wissenschaften*, Leipzig: J. C. B. Mohr（Paul Siebeck）.

118. Rickert, H.（1896b）*Kulturwissenschaft und Naturwissenschaft*, Freiburg: Mohr.（佐竹哲雄、豊川昇訳『文化科學と自然科學』岩波文庫、1939年。）

119. Robbins, L.（1927a）"Mr. Hawtrey on the scope of economics", *Economica*, 20: 172-178.

120. Robbins, L.（1927b）"The optimum theory of population", In *London Essays in Economics: in honour of Edwin Cannan*, edited by Gregory, T. E. and Dalton H., London: Routledge, 103-136.

121. Robbins, L.（1930a）"On a certain ambiguity in the conception of stationary equilibrium", *The Economic Journal*, 40 (158): 194-214.

122. Robbins, L.（1930b）"The economic works of Phillip Wicksteed", *Economica*, 30: 245-258.

123. Robbins, L.（1931）"The case of agriculture", In *Tariffs: the case examined*, edited by Beveridge, W. H., London: Longmans, Green and Co., 148-169.

124. Robertson, D. H.（1931a）*Economic Fragments*, London: P. S. King

& Son. Ltd.

125. Robertson, D. H. (1931b) "How do we want gold to behave?" In *The International Gold Problem: collected papers*, edited by Royal Institute of International Affairs, London: Oxford University Press, 18-46.

126. Rosenstein-Rodan, P. N. (1927) "Grenznutzen", In *Handwörterbuch der Staatswissenschaften*, 4. gänzlich umgearbeitete Aufl, Bd. 4. (Finanzen - gut.), Elster, von L., Weber, und A. Wieser, F. (herausgegeben), Vierte Auflage, Jena: G. Fischer, 1190-1223.

127. Schams, E. (1927) "Die Casselschen Gleichungen und die mathematische Wirklichkeitstheorie", *Jahrbücher für Nationalökonomie und Statistik*, 127: 385-400.

128. Schönfield, L. von (1924) *Grenznutzen und Wirtschaftsrechnung*, Wien: Manz.

129. Schultz, H. (1928) *The Statistical Laws of Demand and Supply: with special application to sugar*, Chicago: University of Chicago Press.

130. Schumpeter, J. A. (1908) *Das Wesen und der Hauptinhalt der theoretischen Nationalökonomie*, Leipzig: Duncker & Humblot.（大野忠男・木村健康・安井琢磨訳『理論経済学の本質と主要内容』（上・下）岩波文庫、1983-1984年。）

131. Schumpeter, J.A. (1914) "Epochen der Dogmen- und Methodengeschichte", In *Wirtschaft und Wirtschaftswissenschaft*, (Grundriss der Sozialökonomik / bearbeitet von S. Altmann ... [*et al.*], 1. Abt.), Tübingen: Mohr, 19-124.（中山伊知郎・東畑精一訳『経済学史――学説ならびに方法の諸段階』岩波文庫、1980年。）

132. Schumpeter, J. A. (1916) "Das Grundprinzip der Verteilungstheo-

rie", *Archiv für Sozialwissenschaft und Sozialpolitik*, 42: 1-88.

133. Senior, N. W. (1836) *An Outline of the Science of Political Economy*, London: W. Clowes and Sons.（高橋誠一郎、浜田恒一訳『シィニオア經濟學』経済学古典叢書、岩波書店、1929年。）

134. Smith, A. (1925 [1776]) *An Inquiry into the Nature and Causes of the Wealth of Nations* (2 vols.), edited, with an introduction, notes, marginal summary and an enlarged index by Edwin Cannan, 4 th edition, London: Methuen.（水田洋監訳、杉山忠平訳『国富論』（全4巻）岩波文庫、2000-2001年。）

135. Sombart, W. (1930) *Die drei Nationalökonomien: Geschichte und System der Lehre von der Wirtschaft*, München: Duncker & Humblot.（小島昌太郎訳『三つの経済学：経済学の歴史と體系』雄風館書房、1933年。）

136. Stähle, H. (1929) *Die Analyse von Nachfragekurven in ihrer Bedeutung für die Konjunkturforschung*, Bonn: K. Schroeder.

137. Stamp, J. (1922) *Wealth and Taxable Capacity: the Newmarch lectures for 1920-1 on current statistical problems in wealth and industry*, London: P. S. King and Son, Ltd.

138. Stamp, J. (1929) *Some Economic Factors in Modern Life*, London: P. S. King.

139. Strigl, R. von (1923) *Die Ökonomischen Kategorien und die Organisation der Wirtschaft*, Jena: Gustav Fischer.

140. Strigl, R. von (1928a) "Die Produktion unter dem Einfluss einer Kreditexpansion", *Schriften des Vereins für Sozialpolitik*, 173(2): 187-211.

141. Strigl, R. von (1928b) "Aenderungen in den Daten der Wirtschaft", *Jahrbücher für Nationalökonomie und Statistik*, 128: 641-662.

142. Taussig, F. W. (1896) *Wages and Capital: an examination of the wages fund doctrine*, London: Macmillan.

143. Taussig, F. W. (1927) *International Trade*, New York: Macmillan. (宮川貞一郎訳『国際商業原理』寶文館、1930年。)

144. Torrens, R. (1848) *The Principles and Practical Operation of Sir Robert Peel's Act of 1844, Explained and Defended*, London: Longman, Brown, Green, and Longmans.

145. Viner, J. (1924) *Canada's Balance of International Indebtedness, 1900-1913: an inductive study in the theory of international trade*, Cambridge, USA: Harvard University Press.

146. Viner, J. (1925) "The utility concept in value theory and its critics", *Journal of Political Economy*, 33(4): 369-387; 33(6): 638-659.

147. Weber, M. (1922a [1904]) "Die „Objektivität" sozialwissenschaftlicher und sozialpolitischer Erkenntnis", In *Gesammelte Aufsätze zur Wissenschaftslehre*, Tübingen: J.C.B. Mohr: 146-214. (*Archiv für Sozialwissenschaft und Sozialpolitik*, 19: 22-87.) (恒藤恭校閲；富永祐治・立野保男共訳『社会科学方法論』岩波文庫、1954年。)

148. Weber, M. (1922b [1908]) "Die Grenznutzenlehre und das psychophysische Grundgesetz", In *Gesammelte Aufsätze zur Wissenschaftslehre*, Tübingen: J.C.B. Mohr: 360-375. (*Archiv für Sozialwissenschaft und Sozialpolitik*, 27：546-558.) (朝倉惠俊訳「限界効用学説と「心理物理的基本法則(『学問論論集』所収1908年)」『龍谷大学社会学部紀要』11：117-126、1997年。)

149. Weber, M. (1922c [1917/18]) "Der Sinn der „Wertfreiheit" der soziologischen und ökonomischen Wissenschaften". In *Gesammelte Aufsätze zur Wissenschaftslehre*, Tübingen: J.C.B. Mohr: 451-502. (*Logos*, 7：40-88) (木本幸造訳『社会学・経済学の「価値自由」の意味』

日本評論社、1972年。)

150. Whitehead, A. N. (1925) *Science and the Modern World* (Lowell Lectures 1925), Cambridge: Cambridge University Press.（上田泰治・村上至孝訳『科学と近代世界』ホワイトヘッド著作集 第6巻、松籟社、1981年。)

151. Wicksell, K. (1913) *Vorlesungen über Nationalökonomie: auf Grundlage des Marginalprinzipes*, Jena: G. Fischer, Theoretisher Teil, Bd. 1.（橋本比登志訳『経済学講義 I』日本経済評論社、1984年。)

152. Wicksell, K. (1928) "Professor Cassel's Nationalökonomisches System", *Schmoller's Jahrbuch*, 52: 771-808.

153. Wicksteed, P. H. (1910) *The Common Sense of Political Economy Including a Study of the Human Basis of Economic Law*, London: Macmillan.

154. Wieser, F. F. von (1884) *Über den Ursprung und die Hauptgesetze des wirtschaftlichen Werthes*, Wien: A. Hölder.

155. Wieser, F. F. von (1889) *Der Natürliche Werth*, Wien: A. Hölder.

156. Wieser, F. F. von (1893) *Natural Value*, London: Macmillan.

157. Wieser, F. F. von (1929 [1876]) "Über das Verhältnis der Kosten zum Wert", Reprinted in *Gesammelte abhandlungen*, Tübingen: Mohr, 377-404.

158. Young, A. (1927) "The trend of economics as seen by some American economists", Reprinted in *Economic Problems New and Old*, Boston: Houghton Mifflin, 232-260.

159. Young, A. (1928) "Increasing returns and economic progress", *The Economic Journal*, 38(152): 527-542.

訳者解説

1．はじめに

本書はライオネル・ロビンズ（1898-1984）の『経済学の本質と意義』（1932、初版）Lionel Robbins, *An Essay on the Nature and Significance of Economic Science*, first edition, London: Macmillan, 1932の全訳である。その改訂版は1935年に出版された。この第二版に基づく邦訳（中山伊知郎監修・辻六兵衛訳、東洋経済新報社、1957年）は1981年以来絶版である。初版の邦訳は今のところ確認されてない。

本書を読み解くため、以下で若干の解説を加えておこう。本書の意義、ロビンズの略伝、その他の貢献、という3点である。さらに、ロビンズがどのように日本に導入されたかについて、やや長い覚書も付しておこう。

2．本書の意義

『経済学の本質と意義』（以下、『本質と意義』）は、稀少性定義を提唱した20世紀の名著である。本書の意義を、ロビンズの意図と対照した現代的観点、注意すべき用語、第二版との異同という3点からまとめておこう。

2.1　現代的意義

第1に、経済学とは何かという本質的な疑問を投げかけ、そして真摯に回答している点である。ロビンズの問いは、エドウィン・キャナン等の富定義──経済学の対象は物質的厚生である──では、芸術や無形物を愛でることの経済的側面を掬い取れないという不満を出発点としていた。それゆえ、富という対象に注目するのではなく、目的〜手段に関わる人間行動という「機能的側面」あるいは「分析的側面」に注目したのである。この対象から機能への変換は、どんな目的でもいったん定められた限り、その目的を最適な手段の組み合わせで達成

するという経営管理(オペレーションズ・リサーチ)と不可避的に結びついたため、経済学が古くから持っていた漠然とした「国民全体としての幸福や豊かさの追求」という目的が薄れてしまう帰結をもたらした。これはロビンズ自身の意図からは皮肉な結果である。彼の芸術への持続的な関心を鑑みるならば、稀少性定義は無形の非物質的なサービスを包含できる広さを持つゆえに誕生したのであり、文化経済学・芸術経済学への昇華が視野に入るはずだからである。

第2に、経済学が科学たる要件は何かという学問の境界線問題を提示し、一定の回答を与えたことである。それはマックス・ウェーバーが峻別した事実認識と価値判断という二分法を経済学に導入したことであった。この峻別はほとんどの場合、「経済学者は客観的な事実のみを扱い、観念・政治的信念(イデオロギー)に関わってはならない」という単純な言説として理解される。実際、ロビンズを批判する書評者もそのような理解からであった。しかしウェーバーの真意は価値理念や価値判断を抉り出す作業を通じて、かえってこれらを自覚的に統制し、客観的な認識に到達することにあった。この意味でミュルダールの価値前提の明示という方法と同一方向にある。ロビンズは周到にも、経済科学と応用経済学(あるいは政治経済学)という別の二分法を採用し、ある価値判断に従う実践や政治に純粋理論を応用する分野を用意していた。そして経済学者はこの両者を職業として「実践すべき」なのである。科学たる経済学を確定した上で、様々な価値判断を考慮に入れて政策に応用する。理論〜政策の二段階論と言えるだろう。ここにもロビンズの意図と流布された見解とに大きな懸隔がある。

第3に、現代経済学の二重性——広範さと狭隘さ——をもたらした直接の契機として、常に参照すべき基準となっていることである。限界革命を経た1930年代でも経済学はまだ現代の姿ではなく、文学や倫理学や歴史学と密接に絡まる古典的な学問(ディシプリン)の中にあった。本書はこ

の学問が現代に脱皮する2つの方向性を決定づけた。

まず広範さ（拡大化）とは、経済学が——所与とされる目的の内容は問わず——抽象的な人間行動の合理的な手続きのみに集中すべきだと解釈され、またこの手続きが「資源の制約下での最適化行動」（経済人）と容易に同一視されたため、すべての社会現象をこの統一原則によって説明する機運・傾向が強まったことである。この傾向を端的に示したのが「社会科学の女王」や「経済学帝国主義」という自称・他称であった。この傾向を拡張する方向で、1970年代以降に「結婚の経済学」「売春の経済学」「最適な戦争遂行の経済学」「大相撲八百長の経済学」などの社会学的な論題への進出が促された。つまり説明すべき現象への応用可能性が広がったことである。

次に狭隘さ（限定化）とは、ロビンズの提唱が極めて単純化された形で受け止められ、経済学者は目的には関与せず（価値中立的という自己認識）、制約下の合理的行動のみが唯一の方法であると経済学界の内外で認識されたことである。この限定化は、経済学の対象たる経済現象が——社会・マクロという実在ではなく——独立した個人の最適な行動から演繹される／行動に還元されるという認識にも資することになり、それゆえ「マクロ経済学のミクロ的基礎」という方法が1980年代以降に広く行き渡ることになった。つまり経済学の方法が一元化されたことである。

このように『本質と意義』は小著ながら、理論（特にミクロ経済学の選択理論）を踏まえた上で、方法や認識というメタの次元から経済学の本質を提示した名著である。現代経済学の特徴を発展的に継承するにせよ、徹底的に批判するにせよ、必ず参照しなければならない基準となっている。

2.2 注意すべき用語

本書の歴史的意義と現代的示唆を同時に考える際に、注意すべき用語を4つだけ抜き出しておこう。経済科学、経済人、価値判断、目的である。

本書の題名は、「経済科学」economic science を含んでいる。本文でもこの原語を用いていることも多い。しかし「経済学」economics も同様に用いられている。もちろん科学としての経済学に拘ったロビンズゆえにこの題名が選択されているのだが、どちらの使用法にもさほど厳密な差は見られないと判断し、どちらにも「経済学」の訳語を当てた。いくつかには原語のカタカナ表記でルビを振っている。

ロビンズは第4章第5節で「経済人」*homo economicus* という概念を擁護している。この概念には19世紀的意味と20世紀意味の両方が混在していることに留意したい。前者は経済学の扱う主体が快楽主義やエゴイズムだけではないという意味である。これだけならば、マーシャルもエッジワースもピグーもロビンズも、立場は変わらない。後者はさらに、他の諸科学から切り離された自己完結性を持ち（ロビンソン・クルーソーの自給自足）、目的そのものを考察しない主体という意味である。ロビンズは前者の意味に主眼を置いているのだが、当時も現代も後者の意味から彼を批判する傾向が強い。

「価値判断」という訳語も紛らわしい。辻訳では relative valuation (s) を「相対的価値判断」と訳していた。本書では「相対的評価」に変えている。そして judgments of value のみを「価値判断」と訳した。ケインズがロビンズを批判したとき、後者の原語を用い、「経済学は内省と価値判断を扱う」と宣言した。ケインズはイギリス（あるいはケンブリッジ学派）の伝統にあり、社会科学は技巧 art と科学 science に分かれるものの、両者の渾然一体を経済学の総体として理解する。つまりモデルの内部操作は科学であるが、モデルを選択するこ

と自体が技巧となり、両者ともに経済学者の責務となる。他方、ロビンズが相対的評価と言う場合、科学の中の論理的操作を示している。つまり、様々な消費（生産）可能な要素をどんな場合でも矛盾のない一定の順序に並べて、相対的な好みを選択できる作業である（辻訳115頁、139頁）。ミクロ経済学の用語を使えば、完備性と推移性を持つ合理的選択である。対して、ケインズの「価値判断」は日常用語どおり、「何が厚生の基準として望ましいか」などの絶対的・倫理的な規範である。このように峻別して初めて、ロビンズとケインズ（あるいはピグー）の対立を理解できることになる。

「目的」ends という用語も注意が必要である。ロビンズはここに2つの意味を混ぜて用いているようだ。ロビンズが目的は多様であると言う場合、どんな生き方・価値観も許容する寛容さを見せる。しかし、多くの場合、ロビンソン・クルーソーの例（第1章第2節）が挙がっているように、実質所得と余暇などの消費目標が複数あるという意味に過ぎない。「目的は単なる行為の対象 an objective として扱われる」（14頁注20）のである（この注は第二版で削除された）。つまり、効用の極大という1つの「目的」に還元されてしまうような指標である。ends を「選択の対象」と訳すことも考えたが、そうでない場合も鑑みて、旧訳を踏襲した。ロビンズは果たして多様な価値観を認めているのか、たとえ序数的でも効用という一元的な価値のみに限定しているのか。ロビンズ評価が分裂する原因がここにもある。

2.3　第二版との異同

ロビンズは初版の出版から3年後に本書を改訂したが、その後は一度も改訂しなかった。多くの批判に直面したものの、改訂版にあっても議論の基調は変化せず、若干の変更と改善が行われただけであった。なお初版と第二版の異同については、訳注の形で本文に具体化し

ておいた。ただし網羅的な指摘ではなく、大きな変更があった場合のみである。ここではそれらを大枠として掴むために、3つの点だけ指摘しておこう。

第1に、第4章の大部分を書き換えることで、合理的な行動という意味を顕示したことである。LSE の同僚であるヒックスおよびアレンによる論文「価値論再考」が1934年に発表され、無差別曲線やスルツキー分解など、需要理論に厳密な演繹的数理が導入された。ロビンズはこの発展に触発されて、合理的という仮定は推移性などの論理操作による目的に叶った一貫した行動であると表現した。

第2に、第5章第1節を書き換えることで、抽象的な経済理論の意義をその現実性から力説したことである。既に初版第5章の後半で、経済学の一般的法則が高度に抽象的で演繹的操作に満ちているとしても、その理論が特定の状況に適用可能かどうかを精査するために、現実との対照が必要であると論じてあった。ロビンズはこの言明をさらに強調しておくことで、現実から乖離した概念遊戯と批判されることを避けたかった。オーストリア学派の装い（本質主義、先験的な要素の重視）をやや後退させ、イギリスの伝統的な常識論に合致させようという意図であった（実際、オーストリア学派の泰斗ミーゼスは、この部分の改訂に不満を表明した）。

第3に、第4章や第5章に最終節を加えることなどで、静学と動学という当時の理論発展を取り入れたことである。比較静学という用語も使われ、また一般均衡の状態は静学の手法であると理解される一方、比較静学や過程分析によって経済の動態分析の出発点になりうると明言されることになった。

3．ロビンズの略伝

本書の意義を理解するには、著者について知るのが早道だろう。以

下では、略伝という形で、傑出した経済学者ロビンズを振り返りたい。

ライオネル・ロビンズは農場経営者の息子として、シプソンという地で1898年11月22日に生まれた。現在のヒースロー空港の北側に当たる場所である。父親は一代で農業経営に成功した人物であり、古き良き自由党を支持する、厳格な非国教徒（バプティスト派）の家庭であった。しかしロビンズ自身の信仰は、母親の病死（1910年）によって失われてしまった。

多くのヨーロッパ文明社会と同様に、第一次世界大戦の勃発はロビンズ一家にも衝撃であった。この戦争が長引くと予想した父親はロビンズを早めに大学に送り込んだのだが、本人は蹂躙された世界秩序を回復するという義務感から逆に焦燥を募らせていた。ついに父親は折れ、異例の若さで訓練所へ、そして最前線へ赴くことになったのだった。しかし、フランス激戦地での負傷は3年間の軍隊生活に終止符を打たせた。

負傷も癒えて、ロビンズは新しい世界で惑うことになる。権威に対する不信感からギルド社会主義――職能別の自治団体、つまり教会や労働組合や消費組合など多元的な集団によって、資本主義の矛盾を抜本的に克服する思想――に接近したが、すぐにその無味乾燥さに幻滅し、ルーブル美術館で鑑賞したポスト印象派の絵画を啓示として、軍隊や労働運動に欠けていた明晰な経済分析へ導かれた。新興のLSE（ロンドン・スクール・オブ・エコノミクス）に1920年10月に入学することを決意したのである。

LSEには政治学者ラスキ、経済学者キャナンなど、多彩な人材が既に煌めいており、ロビンズをたちまち一流の経済学徒に造り変えた。優秀な成績で3年間の学生生活を終えたが、学術の世界で糧を得るのには苦労した。当時の学長であった著名人ベヴァリッジの助手として景気循環論を徹底的に吸収し、レイトン（マーシャルの弟子）が

編集する『エコノミスト』誌の手伝いとして応用経済の分野に目を向けた。真摯で若者を惹きつける講義とともに、いくつかの幸運もあって、ロビンズは弱冠30歳にして母校の教授として迎え入れられたのである。

中世からの古い大学に対抗すべく、社会科学の殿堂として19世紀末に設立されたLSEは、第三代学長ベヴァリッジの下で急速に拡大した。しかし、ロビンズが関与するようになった1920年代後半からは、ベヴァリッジの独創的だが独裁的な手腕は教員・職員に――ラスキやハイエクを始め、古参・新参いずれからも――大いなる反発を招いたのである。その中で「スクール」を知り尽くしたロビンズは尊敬を集めた。彼は内外から人を招いてセミナーを充実させ、研究・教育の自律性を確保したのである。ここからヒックス、カルドア、ラーナーなど若手の理論経済学者が育っていった。

ロビンズは労働時間・定常状態・代表的企業などの論題に関するミクロ経済学的分析も論文で発表していたが、本来の関心は「経済学はどのような科学なのか」という本質的な問いであった。その興味が『経済学の本質と意義』を1932年に出版させた。また政策論争（公共事業・保護貿易）において、古典的な自由主義の立場を堅持し、権威のケインズを一貫して糾弾する若手と認知されるようになった。

ロビンズが『本質と意義』を執筆したのは、イギリスの経済学界に対する不満を出発点とする。彼はキャナンやベヴァリッジとは緊密な関係であったが、その経済学の方法や範囲に対しては批判的であった。キャナンは経済学が物質的な富（厚生）に関わると定義していた。ベヴァリッジは素朴で極端な実証主義を唱えていて、事実の集積こそ――生物学のような――科学への道だと唱えていた。ロビンズは両者の定義や方法論をきっぱりと否定した。その代わり、どのような

目的（選択肢）でもいったん与えられたら、その目的を達成するために稀少で代替可能な手段を組み合わせる首尾一貫した人間の行動に注目した。これが経済学の「稀少性定義」と呼ばれる内容である。

これを論じる過程で、ピグーの厚生経済学やホートレーによる経済学の領域問題も論駁することになった。ピグーは、富者から貧者への再分配を正当化する手続きの中で、効用の個人間比較を当然視していた。ホートレーは効用や富を追求するのが経済行動の目的であると言う限り、これを正当化するある倫理的な立場を表明しているという意味で、経済学は倫理学から切り離せないと主張した。ロビンズはこれらの議論が経済学の後進性を示しているとして、経済学の領域から規範性を排除し、演繹的操作のみを科学の要件としたのである。

ロビンズは1928年末までにこうした着想を得ていて、オックスフォード大学やLSEの講義で経済学の本質に関する講義を続けていた。そして1931年夏から、招聘した同僚のハイエクと密に接するにしたがって、オーストリア学派の文献や要素——例えば演繹偏重や本質還元の構造——が最後の段階として加わった。

本書は大きな議論を呼んだ。また、著者自身が改訂版のまえがきで嘆いているように、大きく誤解された。すなわち、多くの読者はロビンズが経済学者は政策や規範について考えを述べてはいけないと誤読したのである。あるいは、経済理論は事実や歴史の経験則には基づかないと受け取ったのである。そして多くの書評者はロビンズの稀少性定義を不適切で狭隘である——世の中は失業者が溢れる「豊穣」の時代であった——と論評した。このように、少なくとも第二次世界大戦が始まるまで、経済学の定義や範囲について、経済学者は合意していなかったのである。他方、この論争を契機に、限界効用逓減や効用の個人間比較を前提とするピグー流の厚生経済学は、パレートの効率性や効用の順序のみを必要とする「新しい」厚生経済学——カルドアや

ヒックスによる補償原理——に乗り越えられた、と後世に多くの経済学者は認識することになった。

　しかし戦中から戦後にかけて、大きく事態が進展した。ケインズ経済学の興隆と戦時管理経済の進行である。ケインズはマクロ経済学という新しい分野を開拓し、同時に国民経済の推計・制御という指向性から経済工学的な見方も結果的に後押しすることになった。残余となったミクロ経済学と合わせて、経済のメカニカルな運動、経済主体の合理的行動に焦点が当たることになった。サミュエルソン『経済分析の基礎』(1947)、およびフリードマン「実証的経済学の方法」(1953)がこの傾向に合致する影響力のある著作となった。20世紀前半を支配していたマーシャル『経済学原理』(1890)の影響力——経済学は富の研究であるが、より重要なのは人間研究の一部である——が薄れ、1960年代までに新しい教科書はロビンズの定義を受け入れることになった。

　ロビンズは『大不況』を1934年に著し、オーストリア学派の景気循環論に基づいた処方箋を提出した。すなわち、信用過剰によって景気が過熱しているのであって、公共投資の拡大ではなく、逆に引き締めが必要であると。ロビンズは後に、この提唱が完全に誤りだったことを認めた。他方、保護貿易に関しては経済ナショナリズムとして持続的に反対し、『経済計画と国際秩序』(1937)などで連邦主義を対置することで、自由と秩序を両立させる方策を説いていた。

　しかし、再び戦争が多くの人々の運命を変えた。学究の生活は遠ざかり、ロビンズは請われて内閣経済部（若手の経済学者を中心とする政府機関）に1940年に配属された。そこで食糧配給などの戦時経済を遂行する実務だけでなく、戦後の雇用政策や社会保障政策という画期的なアイデアも形成されたのであった。経済部の部長になったロビンズ

は、同僚のミード、大蔵省顧問のケインズ等とも協働した。中でも、対米交渉でケインズを補佐する役目を担った。1930年代初頭の経済諮問会議で激突した両者は、第二次世界大戦で強固なパートナーとなって政策形成の場に戻ってきたのであった。

戦後は再びLSEに戻り、学部長として教育と研究の充実に奔走した（その功績が称えられ、図書館にその名が残された）。大蔵大臣に助言するなど完全には政治から切り離されていなかったが、経済学の分野では特に経済政策の歴史に関心が深まった。そして芸術支援の熱意は、様々な役職に変換されていった。ナショナル・ギャラリーの理事、テート・ギャラリーの理事、王立オペラハウスの理事など。『フィナンシャル・タイムス』紙の経営責任者にも選出された。こうした名声の頂点は1959年に一代貴族（Baron Robbins）に叙せられたことであった。

1963年には高等教育委員会の議長として『ロビンズ報告』を公刊した。ここでは大学などの高等教育を、市民としての共通基盤・教養を伝える場と見なされた。特に大学では学問の発展・真理の追究が推奨され、それゆえに意欲・能力のあるすべての市民に開かれなければならない。この報告書は新しい社会に適合した大学像を提供し、実際に高等教育の拡充を後押しした。

ロビンズは王立経済学会の会長（1954-56）、およびイギリス学士院の会長（1962-67）にも選出された。貴族として無所属の上院議員となり、しばしば議会で演説を行った。妹キャロライン（著名な歴史家）によれば、ロビンズの学問上の成功は抜群の記憶力と結びついた集中力にあった。さらに公平無私であり、外交術・社交術に長けていた人生であった。経済理論の中で名を冠する法則を残したわけではないが、ケインズ亡き後、イギリスで最も影響力のあり尊敬された経済学者であった。

ロビンズは1984年5月15日に死去した。

4．その他の貢献

ロビンズの名は本書によって永久に記憶されるが、それ以外の貢献を 3 つにまとめておこう。経済学の制度化、経済政策（思想）への影響、芸術および高等教育の行政である。

第 1 に、ロビンズの尽力によって LSE に若き俊英が集まり、研究と教育が同時に推進されたことである。カリキュラムが整い、一流の研究者を集め、有為な人材を輩出する。この側面を「経済学の制度化」と呼んでおこう。ジェームス・ミード（ノーベル経済学賞受賞者）はオックスフォード大学の学部生としてロビンズの講義を聴き、その魅力を次のように伝えている。

> 「彼の熱烈な……説明には伝染性があった。彼の所作は、ボート漕ぎの声出し指導係（コーリング）の資質と著名オーケストラの指揮者（グレイト・コンダクター）の資質とを合わせ持っていた……。……彼は新しい精巧な理論を編み出すことには興味がなかったが、優れた経済理論を身の回りにある現実的な問題に応用することで、賢明で効率的な政策を形成することに重要な貢献ができることを発見し、我々に教えるために、自分の第一級の分析的精神を用いたのであった。」（Meade 1984: 19）

ミードは後に官邸で経済部の同僚としてロビンズと共に働き、やはり次のように感嘆している。

> 「ライオネルは……最高の知恵を発揮し、外交上の技巧を見せた。……徐々に、常任の公務員は経済学者を仲間の人間と見なすようになった。」（Meade 1984: 19）

当時、イギリスの経済学界はマーシャルおよびケンブリッジ学派の支配下にあると言っても過言ではなかった。キャナンの対抗心を受け継ぎ、ロビンズは大陸の経済学（ローザンヌ学派とオーストリア学派）を

積極的に摂取することで、この「島国根性」の狭隘さを打ち破ろうとした。実際、LSEで10年ほど教えていたヒックスは、一般均衡理論の発想を持ってケインズ経済学を理解しようとした。ナチスからの亡命教員を受け入れたこともあって、LSEは国際化した経済学・政治学・その他の社会科学の中心地として、尊敬すべき地位を確立した。

　第2に、ロビンズは戦中の国内的・国際的な政策決定の現場にあって、高い学識に裏打ちされた影響力を行使した。

　まず、国内の経済政策に関しては、経済部の部長として、戦後の社会保障政策・完全雇用政策の青写真が策定される現場にいた。1941年にはケインズと同様に「戦争目的」や「戦後計画」に関する覚書をロビンズは残し、雇用の安定や国民最低限保障(ナショナル・ミニマム)に基づいた社会サービスの必要性を述べていた。そして『ベヴァリッジ報告』(1942)や白書『雇用政策』(1944)の策定過程において、ケインズやミードとも協働しつつ、経済学者のアイデアを官僚や政治家に理解させて賛同を得るという役目を担ったのである。特にロビンズは「戦後雇用に関する運営委員会」に加わり、総需要の不足による失業を解消することで、高水準の持続的な雇用に政府が責任を持つという報告書(1944.1)に貢献した。

　次に、国際的な経済政策については、特に英米交渉に参加している最高位の経済学者——他にはロバートソンがいる——として、調停役として再びケインズを助けたのである。ロビンズはケインズの国際清算同盟案——当座貸越制度を持つ国際的な中央銀行として、黒字国も赤字国も同等の義務を負う国際調整システム——を非常に高く評価した。その後、国際農業組織・国際通貨基金・世界銀行・英米借款交渉などで、イギリス政府を代表してアメリカ合衆国との交渉に当たった。すべての場合で、ケインズと親しく協働し、「ケインズは彼を頼りにして、彼の判断を尊重するようになった」(ハロッド)。

経済科学とは別に応用経済学・政治経済学という実践の場を用意していたこと、実際にイギリスの政策決定の現場で高官として働いたこと。これらの原則や経験は、戦後、ロビンズにイギリスの自由貿易や政策を歴史的に研究する素地を提供した。ロビンズによれば、イギリスの古典派経済学は既に乗り越えられた遺物ではなく、叡智を引き出せる研究対象である。彼は多くの原典を挙げて、古典派経済学者が経済全体を統一的に捉える視野から、幸福・効用といった個人主義という原則に基づいて、現状の打破を漸進的に訴える改革者であると力説した。古典派は自由に任せよという粗いスローガンを唱える反動家ではないのである。こうした視点の成果が、『イギリス古典派経済学の経済政策理論』(1952)、『ロバート・トレンズと古典派経済学の進化』(1958)、『経済思想史における経済発展の理論』(1968)、『政治経済学：過去と現在』(1976) などであった。

　第3に、ロビンズはイギリスの芸術および高等教育の発展に対して、非常に大きな影響力を持った。

　芸術への開眼は親友クライヴ・ガーディナーとの交流がきっかけであった。芸術家である義弟クライヴによる導きで、ロビンズは美を直観的に感じ取った。つまり観照体験である。対象を知れば知るほど、直観するほど楽しくなるという収穫逓増状態であった。同時に、後に芸術行政に関わり、国民的な財産を戦火や終戦後の混乱からどのように守るか、公平性と効率性を同時に満たす政府の補助金制度は——特定の一産業を恣意的に保護する補助金との関係で——どうあるべきか、をイギリスが誇る美術館・博物館の理事として常に考えることになった。ロビンズは特に舞台芸術に魅せられた。オペラ、バレイ、ミュージカル。舞台の上で瞬間的に輝き、人々の精神には永遠の美を刻印する。後に弟子のボーモル等は芸術経済学を開拓し、特に芸術が労働集約的な産業であり、一般的な財とは異なり生産性の増加が望め

ないので費用逓増が生じると指摘した。ロビンズはこの現象を既に各種の年次報告書で明らかにしていた。ここにも芸術と経済の相互関係を真摯に追求する姿があった。

1944年教育法で有名なバトラー卿から懇願されて、ロビンズは高等教育委員会の議長を引き受け、2年半におよぶ討論——111回の会合、400以上の参考意見陳述、90団体・31人におよぶインタビュー——の末、1963年に『ロビンズ報告』を公にした。ここで高等教育における目標や原則が明示された。高等教育は技能の教示、教養ある男女の形成、真実を探究する学問の発展、文化や市民という普遍的規範の継承という目標がある。それゆえ、能力と意志がある者全員に高等教育の機会を提供し、大学・教員養成カレッジ・工学系カレッジの間にある差別を解消すべきだという原則が打ち立てられた。特に、高等教育を必要とする若者の数は現状よりもはるかに多いと推定し、政府に助成金の拡大を勧告することになった。報告書は高等教育に1つの体系が必要であるという思想から出発したが、同時に学術における個人・組織の自由を尊重し、分権的な主導権が必要だとも明言した。この報告書はイギリスの高等教育の拡大を決定づけ、同時に統一したヴィジョンと分権的な自由との両立を描いた。まさにロビンズの思想の力を体現する成果であった。

5．日本におけるロビンズの導入過程

この節(1)では、訳者解説の補遺として、ロビンズ経済学が日本にどのように受容されたかを論じる。特に、1930年代に絞って、代表的な3人の経済学者を取り上げる。

（1） 第5節は小峯（2009）を大幅に縮めた上で改訂したものである。

5.1 日本の経済思想における1930年代

　明治維新以来、5つの局面で新しい経済思想が次々に導入されてきた。最初期の第1は、イギリス自由主義経済学である。スミスの自由市場論やJ. S. ミルなどの功利主義とともに盛んに翻刻され、20年ほどは独擅場であった。地租改正（1873年）の例で明らかなように、封建的残滓を払拭して私有財産制を確立するには、これらの思想の後押しが便利であった。第2は、1881年の政変（大隈重信の下野）を契機とするドイツ歴史学派の導入である。イギリス自由主義を追尾する大隈に代わり、ドイツの影響が顕著になり出した。そこには新興国プロイセンの国家主義体制を学ぶという体制側からの要請に加えて、社会政策学会による実践的な提言に見られるように、社会問題の激化による市中からの要請もあった。第3は、第一次世界大戦の前後から、米価急騰、1920年恐慌、関東大震災、金解禁、昭和金融恐慌といった具合に、経済的・政治的な不安が増大しつつあった。この全体的な社会不安は、より現実的問題の解決を指向するマルクス主義による経済把握に勢いをもたせた。その導入には福田徳三（1874-1930、東京高等商業学校および慶應義塾大学）と河上肇（1879-1946、京都帝国大学）という東西を代表する経済学者が極めて大きな影響を持った。その後、昭和初期の「日本資本主義論争」において、日本資本主義をどの段階に規定するか、どう解決するかの認識論・方法論で激論――しかし非常に日本固有で、国際的広がりを当時は持たなかった論争――が交わされた。だが既に大正デモクラシーの時代は去り、治安維持法（1925年）を象

（2）　杉原（1972: 6）は国別翻訳という数値を紹介し、根拠を与えた。
（3）　福田による『社会主義研究の栞』（1906）が先駆であり、河上による『貧乏物語』（1916年連載）が普及に役立った。

徴として、自由な思想が厳しく弾圧され始めた。

この思想的状況において、2つの対抗軸が生まれた。まず第4の局面として、近代経済学・数理経済学・純粋経済学と称される非マルクス的、非歴史学派的な「理論経済学」が1930年代初頭より徐々に確たる微小な勢力となりつつあった。マルクス主義に依拠することなく、「経済の本質」をつかむ理論が希求された[4]。その萌芽はやがて傑出した理論経済学者の出現を促し、世界的・普遍的な貢献を少しずつ生むまでに成長することになる。次に第5の局面として、太平洋戦争——つまり統制経済——がさらに近づく1930年代後半より、弾圧されたマルクス主義の持つ現実認識を代替する形で、日本経済学・皇道経済学・生活経済学・国防経済学などと称される「政治経済学」が他の勢力を圧倒するようになった。

こうした状況を踏まえ、以下、3名の代表的な経済学者がロビンズ思想にどう反応したかをみる。

5.2 中山におけるロビンズ受容

学問の事始め、1933年の著作、1957年の回顧という3点から、中山伊知郎（1898-1980）がロビンズ導入に果たした役割を論じよう。稀少性や効用の個人間比較という論題ではなく、まず一般均衡理論のためにロビンズが必要とされた。

「私の経済学は福田徳三先生から始まる」(中山 1979: 12)。1920 (大正9) 年春に中山は神田の講堂で福田の講義を初めて聴いた。福田ゼミの2年間で、中山はクールノー、ゴッセン、ワルラスの主著を3冊

---

(4) 松浦 (1975: 206) によれば、ドイツ歴史学派やマルクス主義に対抗しうる「なんらかの新しく導入される理論が必要とされ」た。

読み進めただけであった。この選択は「当時の経済学の主流ではなかったし、マルキシズムの洗礼を受けてわき立っていた当時の学界の空気とははなはだ縁遠いものであった」(中山 1979: 13)。なぜ福田は中山にこの３冊——後にシュンペーターが驚愕する選択(中山 1979: 14)——を読解し、数学抜きで要旨を書くような指導法を行ったのか。福田はマルクス主義の導入から始まって、歴史的・哲学的・統計的・政治的な経済学まですべてを総覧した。そして最後にはマーシャルやピグーを越える形の厚生経済学を模索していた(西沢 2007: 517)。その過程で、中山は師の感覚を次のように推測している。

> 「数学というのは着物みたいでたいしたことはない、中身が大切なのだ……。＜理論的な本質＞という言葉にもその一端が表われているように、先生の頭の中にあったのは、どうも・理・論・的・な・骨・格・を・自・分・の・経・済・学・の・た・め・に・求・め・るということであったらしい。」(中山 1979: 48、強調は引用者による)

この「理論的な骨格を自分の経済学のために求める」という態度は、中山自身を規定することになる。やがて中山はシュンペーターなどのもとで遊学を果たし、1929年から母校・東京商科大学で教鞭を執ることになった。翌年に師・福田が逝去したので、経済原論の講座を受け継いだ。『経済学研究』(福田徳三博士追憶論文集)を代表者として編纂するかたわら、「二、三年の間は文字通り心身をけずって講案をねった」(中山 1958: 1034)結果、『純粋経済学』(1933)が完成したのであ

---

(5) 福田はマーシャル経済学の理論的本質が「常識的な形で示されていた」点に不満を持ち、それを数理経済学に求めた(中山 1979: 48)。
(6) 福田の追悼論文集で、ロビンズに関係する中山・大熊信行・高田保馬・山田雄三・野村兼太郎が寄稿しているのは示唆的である。

る。前者に寄稿された中山の論文は1932年9月21日付けの脱稿である（中山 1933a: 101／中山 1938: 318）。そこでは同年6月に出版されたロビンズ『本質と意義』が4箇所にわたって——管見の限り、日本で初めて——言及され、その名と内容が紹介された。[7]

師・福田への追悼論文は「経済理論と経済社会学」と題された。その論文によれば、経済理論は均衡理論と同義であり、その本質は「経済現象の一般的相関関係を叙述する」（中山 1933a: 84／中山 1938: 299）ことである。そして均衡理論は現実の形式的側面を記述し、いわゆる経済社会学——人口・制度・環境・心理など、経済与件を叙述する体系——を除外する。

「理論と与件との区別」（中山 1933a: 86／中山 1938: 303）が必要だが、それには2つの意味がある。第1はシュンペーターが『本質と主要内容』で語ったように、与件はまず経済に影響が大きい要素でなければならない。しかし第2に、さらに進んで、「与件の変動の経済に及ぼすところの影響を追求」（中山 1933a: 87／中山 1938: 303）する場合である。ここで中山は『本質と意義』63-69頁を参照せよ、という注を挟む。該当箇所を探してみると、「ある種の与件が与えられたとき、種々の経済「量」の均衡の条件について研究し、これらの与件変化の影響について研究する」（Robbins 1932: 67, Robbins 1935: 67／訳103頁）という箇所が原典にある。さらに中山は「倫理的判断は均衡理論それ自らは少しも生じて来ない」、「均衡は正に唯均衡」（中山 1933a: 94／中山 1938: 312）と述べ、ここでも『本質と意義』127頁を見よ、と注を付けた。該当箇所は Robbins（1935: 143／訳215）にもある。中山は古

（7） 早坂（1971: 47）は中山（1933b）と安井（1933a）を挙げるのみで、中山（1933a）を見逃している。

典派の業績を振り返る2つの場面(8)でも、ロビンズに賛意を示している。

さらに『純粋経済学』（脱稿は1933.10）では、中山は次のように議論を展開した。経済とは生産および消費に関する社会秩序であり、そこでは相互依存関係が一般的に成立する（中山 1933b: 1）。経済現象を把握するための手段が均衡理論であり、その応用によって現象を解明する理論が純粋経済学である（中山 1933b: 3, 5）。均衡とは相関的な経済現象の全体系が、その要素間に一定の関係を保持しつつ、まったく変動への傾向を示さない状態である（中山 1933b: 3）。中山はここで経済学方法論における道具主義を採っているように見える。なぜなら何度も均衡理論は単なる手段（中山 1933b: 3, 12）と言い切っている。この「形式的方法」は、「現象の最も一般的なる普遍的関係を与えるところの均衡理論の適用は充分にその地位を保証せられたるもの」（中山 1933b: 13-14）となる。まさにこの文に脚注が付き、「この意味の均衡理論の性質については、Robbins, The Nature and Significance of Economic Science. 1932. を見よ」とされた。

中山は直前の文で、自然現象と経済現象は異なるが、手段においては均衡理論を用いることが等しく可能であるとしている。逆に言えば、目的の部分においては別の意味がある。「社会現象としての経済現象の理解は、正に人間行動の動機よりする因果的解明であると云ふ意味に於て、……遙に大なる解明の可能性を有する」（中山 1933b: 12）。中山はロビンズが目的と手段の峻別を説いた上で、目的を所与

（8） スミスの理論的核心が、相対価格の働きによって分業状態が均衡にあることを主張した場面。価値を費用のみから説明することが誤っている場面（中山 1933a: 95／中山 1938: 306-307）。

としてもなお形式的に手段の選択という重大な理論的構築が待っていることを察知した。この限りでロビンズの整理が有用とされたのである。この面は「経済の本質」を掴むという理論の構築として重要であるものの、中山は次の指摘を忘れない。

> 「経済は……人間の行動に関して解明せられねばならない。……従つてこの意味に於ては因果的解明によつてはじめて理解せられることゝなる。但しこの場合……必ずしも経済現象が……単なる合計的結果として考へ得られない……。換言すれば経済現象は……個々人の行動の何等かの意味に於ける合計に相違ないのであるが、問題はむしろこの「何等か」の意味を明ならしめることにある。単なる個人の合計は社会を構成せず、又単なる個人の行動の合計はそのまま社会的意義を有するものではない……。」（中山 1933b: 11、強調は引用者による）

この引用から、同時決定（関数関係・相関関係）ではなく因果関係の重視、個人の合理的行動を越えた何らかの現象を剔抉する必要性、という2つの指向性が窺える。この思考はワルラスの単なる祖述という次元からは大きく離れている。この段階では明瞭ではないが、もしこの「何等か」が経済のマクロ的把握であれば、後に中山がケインズ『一般理論』に大いに魅了される理由の一端を説明することができる。

中山は1938年から39年ごろ、『一般理論』をめぐる論争において、「安定と進歩」という生涯続ける標語を獲得し、純粋経済学（一般均衡理論）からマクロ経済学および政策実践へ、自らの経済学体系の軸を広げた。

> 「自分の将来に安定と進歩という標語(9)をかかげるようになったのは昭和十三、四〔1938-39〕年のころだと覚えているが、その動機はケインズにあった。……／……この言葉は全く電光のように私の頭の中

に飛びこんだ。純粋経済学の理論から実際政策への足かがりを模索していた私は、この言葉によって一挙に理論と政策とのかき根をのりこえる用意を手にした。」(中山 1979: 18)

　最後に、1935年の論文「資本利子の一考察」も挙げておこう。ここで中山は経済行為が存在する理由は、単に目的に対する手段が希少なだけでなく、代替可能であることを確認し、その参照箇所としてRobbins (1932: 13) を挙げた (中山 1973a: 250)。1930年代は中山にとって、純粋経済学とその理論的・政策的拡張を指向する時期であった。その中でロビンズ『本質と意義』が重要な位置を占めた。

　『純粋経済学』では脚注に触れた程度であったが、中山とロビンズとの関わりは戦後も続いた。その最大の事象は、弟子である辻六兵衛（名古屋大学教養学部・助教授）が『本質と意義』の翻訳を1957年に出版した際、その監修となった点である。出版の経緯は明らかではないが、福田徳三の伝統からも推察されるように、中山が辻に翻訳を依頼したのであろう。実際、日本語の序「ロビンズの経済学」によれば、1956年9月に中山は世界経済学会（ローマ）でロビンズと同宿となり、日本語訳が進行中であることを本人に明らかにした。「あれはすでに使命を終った書物だからわざわざ翻訳を出す必要はあるまいと謙遜された」ロビンズに対して、同席したハーバラー教授が「そんなことはない、現に重版が出ているのであるし、あの内容は決して古くはなっていない、是非翻訳を進めてもらいたいと説得された」(中山 1957: ii)。

　中山はこの会話を契機に、次の2つを考えついた。第1に、本書が

---

(9) 『一般理論』をめぐる論争で Robertson (1936: 187) が用いた表現。

取り組んだ「根本的な問題」は、ケインズ以後の新しい手法が行き渡っても、まだ色褪せることなく、もっと高く評価されるべきこと（中山 1957: iii）。第2は、本書の評価にかかわるより本質的な証言である。シュンペーター『経済学の本質と主要内容』と比較する時、両者はともに学問の内容が主で、方法論が従であるという立場を崩さず、しかも専門家および一般読者を引き付ける魅力を持つ。

> 「シュムペーターの「本質」が今日も読むに値する名著であるといえるなら、ロビンズのこの書も同じようにいって差支えない。「本質」と本書とはそれらの点でまことによく似ている。しかしこの比較は1つの点で十分ではない。その点を考えるとこの書の方がもっと本質的なものをもっている。……／ここにある根本理論は、簡単にいえば希少性原理によって貫かれた一本のものである。そこには静態理論と動態理論の本質的な区別はない。……この1つの理論的武器をもって複雑で変動的な経済現象の根本をつかむことが出来る……。」（中山 1957: iv、強調は原典による）

つまり『本質と意義』は希少性原理という理論的なコアを持ち、静態・動態どちらにも適用される＜経済の根本原理＞を明示させたのである。

以上から、中山がなぜ『本質と意義』に注視し、しかもそれをどのように自らの体系に位置づけたかが明確となる。中山は師・シュンペーターによる静態・動態の二元論（企業者という主観的な存在）に不満を持っていた。純粋理論としては、希少性という一元で把握すべきという立場である。しかし中山は安井と異なり、資源の合理的配分や

（10）弟子の坂本（1958: 1022）による評価が的確である。

選択の合理性という理論の彫琢を、自らの全経済学体系と考えていない。そこにはシュンペーターやロビンズとは異なる二元論が控えている。すなわち、より政策指向のマクロ的領域、あるいは客観的な進歩の条件（資本理論の拡充）と、ミクロ的な合理的配分の接合であった。まさに＜安定と進歩＞あるいは＜理論と政策＞という標語がふさわしい。この発想は既に1933年における最初の著作で明示され、また『一般理論』を吸収する過程で、はっきりしていた。

ロビンズが重視されたのは、あくまで「経済の本質」を統一的に把握する場面においてであった。ただし安井と異なり、経済学の本質は稀少性に留まらず、別の体系と折衷的に接合する必要があった。

5.3 安井におけるロビンズ受容

安井琢磨（1909-1995）もロビンズの導入において、極めて重要な役割を果たした。ここではその内容を、学問の事始め、1933年の紹介記事、回顧された記録という3つに分けて論じよう。安井においてもピグー批判の側面は二次的で、一般均衡理論を導く道しるべとして、ロビンズが必要であった。[11]

若き安井は東京帝国大学に学生・院生として在籍中、次の4つの人的ルートから、一般均衡理論を探究するきっかけを掴んだ。[12]

第1に、チェコ出身・招聘外国人教師アルフレッド・アモン Alfred Amonn（1883-1962）による経済学講義の影響である。[13]アモンは1926年から29年まで、東京帝国大学の経済学・農学部で教鞭を執り、[14]

---

(11) 安井編（1980: 52）で明言されている。
(12) 安井研究の最前線としては、金井（2010）、Kanai（2014）を見よ。
(13) 河合栄治郎が交渉役となり、ミーゼスとシュンペーターにまず招聘を打診した。後者は東京行きを内諾したが、実現しなかった。

カッセル体系に基づいた講義を行った。安井は大学2年生の時にこの講義を聴き、「ワルラス研究に打ち込」む「一つのきっかけ」となった（安井編 1980: 40）。ただし講義の段階では数理的展開になじまなかったこともあり、「私は十分その内容、意義がのみ込めなかった」（安井編 1980: 48）。しかしやがて「カッセルがワルラス体系の水割り」（安井編 1980: 41）であることに気づいたため、「カッセルを通路として、われわれはその源泉であるワルラスへ入っていくことができる」（安井編 1980: 42）ようになった。第2に、シュンペーターによる直接の助言である。大学3年生の1931年1月30日（金）に、来日していたシュンペーターが東京帝国大学で講演した。安井は直接、彼に経済学の勉強法を訊いたところ、「ワルラスから始めよ Begin with Walras」と回答された（安井 1979: 80）。これも直接的契機というよりも、「あとで自分でやってみた経験から、ほんとうにいいことをいってくれた」（安井編 1980: 45）という順序関係であった。

　第3に、高田保馬から直接・間接に影響を受けたことである。まず大学卒業後、前述の『経済学新講』などの著作を多く読み（安井編 1980: 45）、1934年頃からは京都の研究室を訪ねるなど、個人的に親しい関係も築いた。「それ以来高田先生には先生が亡くなられるまで親しく導いていただきました」（安井編 1980: 66）。第4に、中山伊知郎からも直接・間接に影響を受けた。1932年ごろから「中山伊知郎氏を訪ねて親しく教えを受ける」状態になっていた。中山はその頃、『経済

---

(14)　「マルクス主義の真偽」（独語）、「需給原理、生産費」（独語）、「経済理論と経済政策」（英語）という題名の三論文を『経済学論集』（東京大学）に載せている。アモン任官の経緯は、西沢（2007: 583-584）に詳しい。
(15)　その他、東京商科大学、日本工業倶楽部、神戸商科大学でも講演した。根井（2006: 111-116）に詳細がある。

学の基礎理論』(1932)と題して一冊にまとめられた論考「数理経済学方法論」の校正中であった。安井は手塚寿郎・早川三代治・柴田敬の名を挙げながらも、彼らからの影響や交流はほとんどないと証言した（安井編 1980: 64-65）。

ただしこれらのルートはきっかけであり、一般均衡理論の研究を推進させた原動力はむしろ次にあった。

> 「邦語の文献では中山先生、高田先生の書かれたものを多く読みましたが、しかし自分の主力をそそいだのは、やはり当時の新しい外国の文献でしたね。」（安井編 1980: 45）

留学を含む内外の個人的交流、翻訳による消化、著作によるまとめという学問の普及法にも安井は足を踏み入れていたが、そこに外国学術雑誌の徹底的な読み込みという新しい方法が加わっていた。これは1930年前後に可能になる国際的な経済学者のネットワークであった。このようにして「経済学の基本的な体系はここにある」（安井編 1980: 43）と確信したワルラス体系を追究していた時、まさに安井はロビンズ『本質と意義』に出会うのである。

安井の紹介論文「ライオネル・ロビンズ『経済学の性質と意義』」は、中山の論文に少し遅れ、東京帝国大学の紀要『経済学論集』1933年6月号[16]に掲載された。安井の論考も最初期の反応である。この紹介論文は8頁からなり、全6章をすべて詳細に紹介している。2頁ほど安井自身の見解が窺えるので、そこを中心に詳細を述べておこう。

方法論は哲学と同様に、これまでドイツの独擅場であった（安井

---

(16) 当時は月刊。直前の論文に「1933.5.14」という日付があることから、完成原稿は遅くとも出版1ヶ月以内でも可能であった。

1933a: 124)。現在、経済学の方法論は2つに分岐している。1つは新カント派[17]なメンガー、マックス・ウェーバー、アモンという一連の思索であり、他方は現象学によって理論経済学を基礎づける試み（ゴットル、バック、フォルケンボルン、イェヒト）である。この哲学的な北方人に対して、アングロ・サクソンはあまりにも「実際的」である。代表的な方法論は既に古いJ. N. ケインズの一冊に限られるし、最高水準にあるマーシャルでさえ、「常識的にして安直なる経済学の定義」（安井 1933a: 125）しかない。ここにあってロンドン大学ロビンズの著作は「その＜稀少性＞の故にだけでも十分に我々の興味の対象となり得る」（安井 1933a: 125）。その後、安井は第一版の序言から本論（第一章から第六章）まで、すべてを簡潔にまとめるのだが、2つの例外を除いてほとんど論評も挟まない。1つ目の例外は「限界効用学説による理論経済学の基礎づけがロビンズの立場である」（安井 1933a: 125-126）という説明と、もう1つはロビンズによる唯物史観の検討が「その理解の低さを思ふて紹介を割愛しよう」（安井 1933a: 128）とする判断である。生産と分配という古典派以来の理論は棄てられ、均衡と変動の理論が後を占めると判断された後、最後に「経済学の与へるところは選択の合理性（rationality in choice）である」（安井 1933a: 131）と結んで終わる。

　この紹介論文から判明するのは、イギリスの経済学方法論としてロビンズ本が珍しいこと、経済学の意義が限界効用学説に基づいた資源の合理的選択・配分にあるという唱道を首肯したこと、ロビンズを含むイギリス人のドイツ観念論に対する理解不足を嘆いたこと、であ

---

(17) この部分だけでは内容はわからないが、一般的に、先験的道徳律や精神・文化の重視を意味する。

る。ただしそうだとしても、安井は他の日本の論者と異なり、ロビンズが当時精力的に執筆していた理論的な論文を多く読み、引用を行っていることである。例えば1928年の代表的企業論、1930年の定常状態の概念について、1930年のウィックスティードの著作集についてである。[18]

しかし、ここでは数行のコメントのみであり、安井がどの程度『本質と意義』を重視したのか、まだはっきりしない。戦後の証言でその事情をより明瞭にしておこう。

安井は1973年に東洋経済新報社で、ロビンズ本人と対談を行っている。そこには1930年代当時の素直な感想が含まれている。

> 「助手の初めのころに、シュンペーターの著作［『本質と主要内容』］とあなたの『経済学の本質と意義』を読みました。……この本で非常に大きな感銘を受けたことを覚えております。ですから、あなたは私にとって、いわば先生だったと思っています。……ところで、1930年代初期のロンドン・スクールは、私にとって大変に興味を起こさせました。」（安井編 1980: 212）

両者との対談で興味深いのは、安井がマーシャルに対して非常に低い評価を隠さないことである（安井編 1980: 220, 227）。「どうもマーシャルというのは私にとってピンとこないんだな。……だからマーシャルというのは、私の性分に合わない本だというふうに思いましたね」（安井編 1980: 53）。むしろロビンズはマーシャルをより正当に評価するようにと、安井をたしなめている（安井編 1980: 227）。この論点は杉本と比較する際、重要な視座となる。また、早坂忠（元・東京大学教授）との対談（1972年頃）では、効用の個人間比較に関する論題を安井が

---

(18) 安井（1933b: 84）、安井（1934: 162）、安井（1940: 355）のいずれも脚注。

さほど重視していないことが明らかになった。むしろ「ロビンズの本の中心テーマは資源の合理的配分を経済学の基本問題とみたことだと思います」(安井編 1980: 52) とした。

いずれにせよ、安井はロビンズに対して、終生、非常に好意的な態度を変えなかった。

> 「長年にわたりその著作から恩恵を受けてきたこのイギリス学界の長老と親しく会見する機会を与えられたことは、大きな幸福だった。」(安井編 1980: 294)

5.4 杉本におけるロビンズ拒絶

杉本栄一 (1901-1952)[19] は1950年代初頭に著した入門書によって、ロビンズ経済学に一定の評価を下し、その像を大いに普及させた。ここではその理解に至った経緯を、三段階で把握する。第1はローザンヌ学派批判と計量経済学の先駆であり、第2は統制経済論であり、第3は近代経済学とマルクス経済学の切磋琢磨という標語である。

杉本は研究を始めた当初から一般均衡理論を「静態経済学の破綻」と性格付けるなど、徹底的に批判した。静態は事実に適合しない仮定であり、時間要素を捨象することは絶対的に不可能であった。「したがってこれ［＝たえざる発展の過程］を静止の状態に於てまた均衡の状態に於て把握しようとするのは、論理上不可能なる企て」(杉本 1947 [1939]: 2) なのであった。それでは有効な経済の把握方法は何か。

杉本はマーシャルの「特殊均衡理論」に軍配を上げる。通説と異な

---

(19) 杉本は福田門下であり、中山伊知郎のライバルであった。東京商科大学において中山と経済原論や統計学の講義を分け合い、競争関係にあった。杉本はロッシャーを訳したのち、ベルリン大学に留学し、計量経済学の重要性を学んできた。レオンチェフとは生涯交誼を重ねた。

り、この理論は均衡理論ではない。それは力学的な均衡ではなく、生物学的な成長を記述している。つまり「動的発展の過程として、経済的変動の一般的相互依存関係といふ側面から、理解すべき」(杉本 1947［1939］: 3) 現象である。それにはマーシャルの唱えた弾力性概念が強力な武器となる。需要と供給の価格弾力性を考え、経済において両者の相互関係が様々に異なるに従って、均衡化・安定的不均衡・不均衡化という三種類の現象が出現する (杉本 1947［1939］: 4)。

杉本は統計学にも力を入れており、実際に「くもの巣理論」を援用し、米穀の需要予測を行っている[20]。この理論を当てはめれば、上記の三種類とは、需給の均衡に向かう安定条件、需給一致には向かわず同一のサイクルを繰り返す場合、拡散してしまう不安定条件にそれぞれ対応する。杉本はマーシャルが「経済の相互依存関係」を無視して、部分しか見ていないという非難に反論する。「相互依存関係」というのは誤解を招く言葉であり、2つの内実を含む (杉本 1960［1950］: 上巻183)。1つはある変動は他の部分の変動をもたらす、という非常に一般的な意味で、これはマーシャルも認める。もう1つは、この変動が与件を固定して競争の結果、必ず静的な一般均衡状態が出現し、この場面での一義的な均衡の相互依存関係があるという非常に特殊な意味で、これをマーシャルは認めない。むしろ日々変わっていく諸々の関係は、弾力性同士を繋いで考えるべきである。

太平洋戦争が近づくにつれ、杉本の関心はやがて統制経済の実現に移っていく。杉本の認識では、第一次世界大戦後、世界経済は恐慌突入と呼べるほど、経済の自動調節機能が壊れてしまった。こうした不

---

(20) この側面は池尾 (2006: 92-93) を見よ。1934年には「需要曲線の統計的確定」と題する報告を発表し、実証分析の先駆けとなった。

均衡状態において、客観的な量的依存関係のローザンヌ学派の経済把握はますます無力となる。むしろ理性的存在の人間は、次のように経済に関与していく。

> 「我々は、自ら、この不均衡を解消せしむべく、経済的構造変容のための実践的行動に駆りたてられ、一部の弾力性係数を変化せしめようと努力するであろう。この努力の跡こそ、現に我々の眼前に進行しつつある統制経済の波にほかならず、……経済的発展過程の主体的側面は理解される。」(杉本 1947［1939］: 5)

こうして主体的な関与を行い、現実の経済にある不均衡を解消するのであった。「理論と政策との交渉」(山田 1952: 21)であった。戦時中は内閣統計局や厚生省から国民生活調査の嘱託を受け、東京商科大学附属東亜経済研究所の統計部長として任務を遂行した。また陸軍省から南方軍軍政総監部付きとして、農水畜産調査にも携わった。しかし戦後の大学内部による教職適格審査でも、内閣による公職適否審査でも、適格・非該当とされた (種瀬 1952: 106-109)。

　戦後、杉本は2つの側面でその立場を大きく変化させたように見えた。第1に、マルクス学派の積極的な摂取を試みた。第2に、「生い立った近代社会の特殊な発展段階と相応させながら、……社会的基盤との間の関係をたどる」(杉本 1960［1950］: 上巻45) ことに重点を置き、学派間の比較・競合関係を重視した。いわゆる経済学史研究を進めることによって、近代以降の経済理論を発展させる意図である。杉本が1946年に脱稿した問題提起的な論考「近代理論経済学とマルクス経済学」に対し、安井 (1979: 21) は杉本がマルクス主義の上に立って近代経済理論を利用する立場と断罪した。山田 (1952: 31-32) は「第三期を単に到達点と見ず」として、仮説・実験という論理的操作と対立する実践的価値判断とを、「やや常識的に統合しようとした」のが

杉本の真意だとみなしている[22]。

　この時期の杉本は近代において経済構造と社会認識との相互依存関係にますます着目し、学生や一般の人々に問いかける形で、経済学史の入門書の原稿を書き上げた。それが著名な『近代経済学の解明』(1950) と『近代経済学史』(1953) として結実したのである。本書において、ロビンズやLSE学派に対する評価が明白になっている。

　杉本がLSE学派の総帥ロビンズを取り上げるのは[23]、ローザンヌ学派の社会認識を批判するためであり、その裏側にはケンブリッジ学派のそれに対する深い共感があるためである。杉本がロビンズを批判するポイントは3つに分けられるが、いずれも密接に結び付いている。第1に、科学としての経済理論の定義に関する。均衡の研究なのか、富・厚生の研究なのか。杉本は「諸々の目的と諸々の手段との間の均衡関係」(杉本 1960［1950］: 上巻157) と述べて、あえて稀少性という言葉は用いない。前者ならば経済の量的側面による経済秩序を記述するから、客観的な科学たりうる。後者ならば個人間の効用比較を含み、科学とはならない。第2に、認識論に関係する。価値判断抜きで、純粋に客観的な経済秩序の分析が成立しうるかという論点である。ロビンズは成立すると述べ、マックス・ウェーバーの価値自由論（没価値論）を援用したとなる。第3に、経済主体の性格付けに関する。様々な選択を行う経済主体が、完全に独立して個人主義的なの

---

(21) 激烈な論争ではあったが、安井編 (1980: 118-119) は「個人的にはわりに親しかった」と証言している。
(22) 逆に都留は次のように評価した。本質理解はマルクスで、現象理解は近代経済理論で行い、マルクスの理論体系を完成するのが杉本の意図である (都留 2006［1985］: 287)。
(23) 「ロンドン学派のロビンズがあり、このロビンズの考え方が極めてローザンヌ学派的な考え方の特徴を表している」(杉本 1960［1950］: 上巻154)。

か、それとも市民社会の一翼を担う社会的な存在なのかという問いである。背後には杉本の市民社会論がある。杉本はイギリス社会を極めて高く評価し、その伝統に根づいたケンブリッジ学派も同様に高く評価する。そこでは「個々の市民が独立の人格者としてたがいにその価値を等しく認め合う」(杉本 1960［1950］: 上巻207)。もちろん個々には偏差があり、経済的な行為を法則付けて記述するには平均的な処理が[24]必要となってくる。しかしその平均は「個々の個人を相当具体的に現わすと同時に、しかも社会的な性格をも現わしうるような個人」(杉本 1960［1950］: 上巻207) なのである。それゆえその対極であるロビンズは次のように最終的に批判された。

> 「ロビンズは、主観的に思う主体を市民社会的な個人と考えていませんから、その経済学も単純に個人主義的であって、社会的な要素を欠いています」(杉本 1960［1950］: 上巻208)[25]

この市民社会を擁護し、推進する立場こそ、「規範的であると同時に経験的たるべき経済学を樹立する」(杉本 1953: 181) 立場である。ケンブリッジ学派の立場は、価値判断の問題を回避せず、経済的秩序を解明する過程で、価値の問題を取り込める。例えばマーシャルは労働者の高賃金を唱道した。それは労働者階級のみの利害から引き出されたものではない。労働組合や共済組合の運動を通じて、労働者自身がより高次の段階に進む気運が歴史的に蓄積してきた。そこで労働者へ

---

(24) 「代表的企業」という概念も、個別の偏差や異質的多様性を許す。山田 (1952: 20) に同様の指摘あり。
(25) ピグーが用いた限界分析における「効用」も、オーストリア学派とは異なり、単なる個人心理ではない。社会的比較・異時点比較が可能になる概念である。杉本 (1953: 188)。

の高賃金が安楽生活ではなく生活基準を高め、より勤勉で生産性の高い態度を作るのである。資本家の経済騎士道もこの状態を是認するであろう。一部階級の利益ではなく、社会全体の利益となる。杉本にとって、ロビンズはイギリス型市民社会を実現するためには妨げとなる経済認識を体現していた。

5.5 ロビンズ導入の類型

本節ではロビンズ経済学の日本導入の類型を探ってきた。ここで暫定的なまとめを二面から行っておこう。第1に事実認定として、1932年9月に中山（1933a）が早くも『本質と意義』に言及し、経済変数の形式的・量的な相互依存関係の重要性を見いだした。安井（1933a）や中山（1933b）も同系統だが、稀少性やピグー批判という現在のロビンズ像とは異なった、一般均衡理論の導入という着眼点である。第2にそうした反応には、受容・拒絶・無視（無関心）[26]という類型が窺えた。受容A（積極的摂取）と拒絶の様式は単純化されて現在にも残るが、受容Bである限定的摂取（日本的折衷）は忘却されている。

受容Aとして、安井による最も積極的なパターンがある。安井は1930年初頭から『本質と意義』を日本で初めて紹介しただけでなく、そのメッセージを完全に受け止めた。つまり経済の本質が資源の合理的配分であることを、はっきり宣言してくれる名著として尊重した。『本質と意義』とロビンズの他論考を参照することで、安井はワルラス研究を純粋に発展させ、ヒックスやカルドアなどLSEの若手理論家の業績に導かれていった。この側面で、ロビンズは安井に対して、

---

(26) 小峯（2009）では詳述しているように、高田保馬・柴田敬・武村忠雄は無関心な立場となるが、ここでは割愛する。

ヒックス、ラーナー、カルドアなどの「ロビンズ・サークル」に対してとまったく同じ影響を持ったのである。この意味でこの受容様式は、西洋と日本という物理的な距離にもかかわらず、同時代性があり、最も普遍的な形を持った。弟子・熊谷の尽力とともに、「稀少性のロビンズ」という標準像の普及の原点となった。晩年にはウィーン文化に接近し、経済学者の役割を自覚した安井は[27]、ますます学界の重鎮としてのロビンズに尊敬を深めていく。

　受容Bとして、中山による限定的な積極性がある。この型は西洋では類似の人物が見当たらない。中山は福田の発想法を受け継ぎ、「経済の本質とは何か」という根元的な洞察力の部分で、『本質と意義』が名著であると認めた。それは個人の行動原理に基づいた経済の相互依存性を、経済認識の手段・道具として明瞭に宣言した点である。この部分を中山は積極的に受容したが、もともとその初期から、中山にはワルラスやシュンペーターを越えた発想があった。それが政策を指向するマクロ的経済把握であり、経済の動学条件を客観的な機能として記述する資本理論の必要性である。理論を応用する政策、安定を越えた進歩の条件である。その中でロビンズは一元的な理論的把握として有用であった。ただし中山は『本質と意義』の翻訳に強く関与するなど、あるいは弟子や政策への関与を通じて、ロビンズ思想の普及に多大な影響を与えた。それゆえ冒頭の引用のように、安井が中山を「日本のロビンズ」として讃えたのである。小峯（2009）で論じた山田雄三・気賀健三を含めて、彼らには積極的にロビンズの議論を

---

[27]「私は学問としての経済学は、あくまでヴェルトフライであるべきだと考えていますが、経済学者自身は、今後…明確な価値観を持ち、態度をはっきりさせることが要求されてくるのではないでしょうか」（安井編 1980: 245）。この認識はロビンズ自身に近い。

摂取する動機があったが、それは自らの経済学体系あるいは経済思想を発展・接合させる契機としてであって、あくまで限定的な受容であった。この側面は「日本的な折衷様式」と呼ぶことができる。

拒絶として、杉本による徹底的な批判パターンがある。西洋ではR. F. ハロッド、M. H. ドッブ（Backhouse & Medema 2009: 807-808）、あるいは総合的な人文・社会科学を標榜するケインズが近い。杉本は当初からローザンヌ学派の静態・無時間性を根本的に批判し、逆に弾力性・時間概念・代表的企業・厚生という概念に代表されるケンブリッジ学派に強い共感を覚えた。それは杉本がイギリス型の市民社会を一つの理想と見たからであり、「規範的であると同時に経験的たるべき経済学を確立する」方向に合致したからである。それゆえ、ロビンズはイギリスにありながら「社会的要素を欠く」経済認識として斥けられた。弟子の末永隆甫(28)（1918-2004）は――やはり師弟関係のあった豊崎稔（1901-1984）からも影響を受けて――この方向を一歩進め、価値判断を排除するという標語を掲げながら、保守主義を代表する存在としてロビンズを糾弾した。末永による「批判イメージ」はもう1つのロビンズ像として、その後、長く日本に定着することになる。

少数の傑出した経済学者の反応を探るだけでも、その多様性や日本での受け止め方を確認することができた。ロビンズは様々な問題を1930年代に提起していた。経済学の定義（方法論）、経済学者は何を真と見なせるか（認識論）、純粋理論の発展（一般均衡理論から厚生経済学へ）、自由主義と統制（戦争）経済、景気変動の原因と対策（理論と政

---

(28) 「この派の統率者ロビンズが…現実の経済問題について極端な自由主義の立場をとったことはきわめて示唆的である。けだしそれは…保守党的な見解…であり、イギリス産業資本よりはむしろ銀行資本・金融業者および輸出産業を基盤とする貿易商業資本の利益に合致する…」（末永 1953: 420）。

策)、伝統的なケンブリッジ学派に対抗する新興のLSE(経済学の制度化)。稀少性定義を越えて、日本における1930年代の導入様式や1950年代における定着様式を顧みることによって、ロビンズの豊穣な経済思想を各国比較からも再評価する契機となるだろう。

6．おわりに

この解説では、単純化された言説と異なり、ロビンズの意図や議論は多くの現実性や中庸があることを示してきた。しかし、最後に『経済学の本質と意義』について、根源的な疑問も残しておこう。

それは経済のマクロ的視点の脱落、あるいは社会問題の等閑視である。ベヴァリッジは『本質と意義』に読書メモを残していて、ロビンズによる経済学の定義が狭すぎると批判した[29]。大量の失業問題、生活水準の英米比較、出生率の低下傾向、利子率の大きな変動。ベヴァリッジは4つの例を挙げて、これらのデータをまず取得することが重要だと主張した。

この間隙を縫ったのがケインズによるマクロ経済学の誕生であった。ここでロビンズに欠ける視点が補完された。そして第二次世界大戦後、両者の視点は「新古典派総合」という奇妙な形で同居することになった。この同居が1980年代までに解消されたとき、経済学の定義としては、ロビンズの言説のみが支配的になっていたのだった。他方、ケインズは「経済学は本質的にモラル・サイエンス（総合的な人文・社会科学）」であり、「動機や期待や心理的不確実性を扱う」と断言した。両者には深い淵、大きな分裂が存在する。

我々にはこの分裂を回避する「経済学の本質と意義」が必要である。

---

(29) The Beveridge Papers, 2 b-32, LSE.

参考文献

Backhouse, R. E. and S. G. Medema (2009) "Defining Economics: The Long Road to Acceptance of the Robbins Definition", *Economica*, 76, Issue Supplement: 805-820.

Committee on Higher Education (1963) *Report of the Committee appointed by the Prime Minister under the Chairmanship of Lord Robbins 1961-63*, Cmnd. 2154, London: Her Majesty's Stationery Office.

Howson, S. (2004) "The Origins of Lionel Robbins's Essay on the Nature and Significance of Economic Science", *History of Political Economy*, 36 (3): 413-443.

Howson, S. (2011) *Lionel Robbins*, Cambridge: Cambridge University Press.

Howson, S. (2013) "The Uses of Biography and the History of Economics", *History of Economics Review*, 2013 Winter, 57: 1-15.

Kanai (2014) "Takuma Yasui's Research Notes in 'Yasui Papers': the Autograph Digest Part (I)", *The Social Science Review*, (Faculty of Economics, Saitama University), Nov. 2014, 143: 197-210.

Komine, A. & F. Masini (2011) "The Diffusion of Economic Ideas: Lionel Robbins in Italy and Japan", in H. D. Kurz, T. Nishizawa, and K. Tribe (eds.) The Dissemination of Economic Ideas, Cheltenham, UK: Edward Elgar: 223-259.

Masini, F. (2007) "Robbins' Epistemology and the Role of the Economist in Society", Suntory and Toyota International Centres for Economic Research and Development Occasional Papers, 23, December 2007.

Meade, J. (1984) "A Renaissance Man Remembered", *The Economist*, 8 December 1984, Issue 7371: 19-20.

Ohtsuki, T. (2011) "The Background of K. AKAMATSU's Gankou Keitai Ron and its development: Early empirical analysis at Nagoya", in H. D. Kurz, T. Nishizawa, and K. Tribe (eds.) The Dissemination of Economic ldeas, Cheltenham, UK: Edward Elgar: 292-314.

Robbins, L. (1932) *An Essay on the Nature and Significance of Economic Science*, London: Macmillan.

Robbins, L. (1935) *An Essay on the Nature and Significance of Economic Science*, second edition, London: Macmillan. 中山伊知郎監修・辻六兵衛訳（1957）『経済学の本質と意義』東洋経済新報社。

Robbins, L. (1937) *Economic Planning and International Order*, London: Macmillan.

Robbins, L. (1952) *The Theory of Economic Policy in English Classical Political Economy*, London: Macmillan. 市川泰治郎訳（1964）『古典経済学の経済政策理論』東洋経済新報社。

Robbins, L. (1958) *Robert Torrens and the Evolution of Classical Economics*, London: Macmillan.

Robbins, L. (1968) *The Theory of Economic Development in the History of Economic Thought*, London: Macmillan. 井手口一夫・伊東正則監訳（1971）『経済発展の学説』東洋経済新報社。

Robbins, L. (1971) *Autobiography of an Economist*, London: Macmillan. 田中秀夫監訳（2009）『一経済学者の自伝』ミネルヴァ書房。

Robbins, L. (1976) *Political Economy, Past and Present: A Review of Leading Theories of Economic Policy*, London: Macmillan.

Robertson, D. H. (1936) "Some Notes on Mr. Keynes' General Theory of Employment", *The Quarterly Journal of Economics*, 51（1）： 168-191.

赤松要（1958）「世界経済の構造変動とその整合——中山伊知郎博士の「安定と進歩」の概念をめぐって——」、篠原編（1958）所収、849-865。

池尾愛子（2006）『日本の経済学——20世紀における国際化の歴史——』名古屋大学出版会。

宇沢弘文（1970）「混迷する近代経済学の課題」、『日本経済新聞』、1970年1月4日。

大槻忠史（2010）「赤松要の雁行形態論とその展開：在名古屋時代と段階論的視座」東京外国語大学博士論文。

樫原敬三（1953／1954）「ライオネル・ロビンズの経済学方法論 （一）／（二）」、『熊本短大論集』（熊本短期大学）、1953.11／1954.3、8号／9号：1 -33／1 -36。

金井辰郎（2010）「安井琢磨の経済学に関するヴィジョン——回顧のなかの一般均衡理論——」、『東北工業大学紀要 2 人文社会科学編』、2010.3、30号：51-67。

気賀健三（1937）「[書評、ロビンズ『経済計画と国際秩序』（1937）]」『三田学会雑誌』（慶應義塾経済学会）、1937.11、31（11）：131-137。

北川一雄（1938）「ロビンズの「経済計画と国際秩序」」『商業経済論叢』（名古屋高等商業学校）第15巻下冊。

熊谷尚夫（1957 [1948]）『（増補）厚生経済学の基礎理論』東洋経済新報社。

小峯敦（2005）「戦間期日本の経済参謀——経済学者の役割——」『経済学論集』（龍谷大学経済学部）、2005.10、45（2）：109-123。

小峯敦（2007）『ベヴァリッジの経済思想——ケインズたちとの交流

──』昭和堂。

小峯敦（2009）「日本におけるロビンズの導入過程─1930年代と50年代、経済学者の反応様式」Discussion Paper Series, No. 09-01, 1 -50, Faculty of Economics, Ryukoku University.
　　http://www.econ.ryukoku.ac.jp/aesru/dp/dp_09-01.pdf

坂本二郎（1958）「中山教授の人と学説」、篠原編（1958）所収、1005-1030。

篠原三代平編（1958）『中山伊知郎博士　還暦記念論文集　経済の安定と進歩』東洋経済新報社。

末永隆甫（1950）「世界恐慌と近代経済学──ロビンズの所論を中心として──」『経済学雑誌』（日本評論社、大阪商科大学・同経済研究所）、1950.10、23（4）: 1 -37。

末永隆甫（1953）「第9章　近代経済学」、出口編（1953）所収、382-431。

杉原四郎（1972）『西欧経済学と近代日本』未来社。

杉本栄一（1947［1939］）『理論経済学の基本問題──経済発展の過程と弾力性概念──』日本評論社、重刷。

杉本栄一（1953）『近代経済学史』岩波書店。

杉本栄一（1960［1950］）『近代経済学の解明』上巻・中巻、理論社。

出口勇蔵編（1953）『経済学史』ミネルヴァ書房。

種瀬茂（1952）「杉本栄一教授年譜」、『一橋論叢』（一橋大学）、「故杉本栄一教授追悼号」、1952.5、29（5）: 113-123。

辻六兵衛（1949a）「ヒックスの方法について　1 ──その経済静学解説への序論──」『商業経済論叢』（名古屋経専商業経済学会）、1949.9、23（2）: 33-52。

辻六兵衛（1949b）「ヒックスの方法について　2 」『商業経済論叢』（名古屋経専商業経済学会）、1949.12、24（1）: 79-98。

辻六兵衛（1958）「経済科学の方法論的基礎——ロビンズ「Nature」に関する一つのコメント——」、篠原編（1958）所収、133-166。

都留重人（2006［1985］）『現代経済学の群像』岩波現代文庫。

豊崎稔（1937）「文献解題　理論経済学」、『経済学雑誌』（大阪商科大学：岩波書店）、1937.4、1（1）：130-135。

中山伊知郎（1932）「数理経済学方法論」、高田・高垣・中山『経済学の基礎理論』（経済学全集　第5巻）改造社。

中山伊知郎（1933a）「経済理論と経済社会学」、福田編（1933）所収、79-100／中山（1938）所収、293-318。

中山伊知郎（1933b）『純粋経済学』岩波書店。

中山伊知郎（1935）「資本利子の一考察」、中山（1973a）所収、235-283。

中山伊知郎（1938）『均衡理論と資本理論』岩波書店。

中山伊知郎（1957）「序——ロビンズの経済学」、中山監修（1957）所収、i-v。

中山伊知郎（1958）「自作年譜」、篠原編（1958）所収、1031-1042。

中山伊知郎（1973a）『中山伊知郎全集　第四集』講談社。

中山伊知郎（1973b）『中山伊知郎全集　第十集』講談社。

中山伊知郎（1979）『わが道経済学』講談社学術文庫。

中山伊知郎監修・辻六兵衛訳（1957）『経済学の本質と意義』東洋経済新報社。

西沢保（2007）『マーシャルと歴史学派の経済思想』岩波書店。

根井雅弘（2006）『シュンペーター』講談社学術文庫。

野村兼太郎（1939）「理論と実践：最近イギリスにおける経済学方法論争」『三田学会雑誌』、1939.8、33（8）：1-33。

早坂忠（1971）「近代経済学とライオネル・ロビンズ」、『経済セミナー』、1971.9。192号：46-52。

福田徳三博士追憶論文集刊行委員会編集（代表者　中山伊知郎）（1933）『経済学研究（福田徳三博士追憶論文集）』森山書店。

牧野邦昭（2013）「陸軍秋丸機関の活動とその評価」、『季報　唯物論研究』、2013.5、123号：8-21。

牧野邦昭（2014）「独逸経済抗戦力調査（陸軍秋丸機関報告書）——資料解題と「判決」全文——」、『経済学史研究』、2014.7、56（1）：96-102。

松浦保（1975）「日本における限界主義」、ブラック編（1976）『経済学と限界革命』岡田純一・早坂忠ほか訳、日本経済評論社。

安井琢磨（1933a）「［文献紹介］ライオネル・ロビンズ「経済学の性質と意義」」『経済学論集』（東京帝国大学）、1933.6、3（6）：124-131。

安井琢磨（1933b）「純粋経済学と価格の理論——レオン・ワルラスを中心として——」、安井（1970）所収、47-103。

安井琢磨（1934）「帰属理論と限界生産力説——純粋経済学の2問題——」安井（1970）所収、105-171。

安井琢磨（1940）「均衡分析と過程分析——ワルラス模索理論の一研究——」安井（1970）所収、353-472。

安井琢磨（1970）『安井琢磨著作集　第1巻　ワルラスをめぐって』創文社。

安井琢磨（1979）『経済学とその周辺』木鐸社。

安井琢磨編（1980）『近代経済学と私：安井琢磨対談集』木鐸社。

安井琢磨（1981）「中山先生を思う」、中山知子編（1981）所収、261-267。

山田雄三（1952）「杉本経済学の課題」、『一橋論叢』（一橋大学）、29（5）、「故杉本栄一教授追悼号」、1952年5月、12-33。

あとがき

　本書の翻訳はいくつかの偶然から可能になり、推進された。

　数年前、田中秀夫先生（京都大学名誉教授）から請われて、ロビンズの『一経済学者の自伝』（ミネルヴァ書房）の翻訳チームに急遽加わった。戦争に参加した章を訳しただけであったが、ロビンズ自身の文章を一字一句精査した。

　経済学史学会はヨーロッパの学会と定期的に合同会議を行っている。そのような縁で知り合った研究者が日本に招聘されたとき、そのパートナーが同行してきた。仲良くなった後で聞いてみると、ロビンズの専門家であった。Fabio Masini（ローマ第三大学）とはその後、イタリアと日本におけるロビンズの導入に関する共同論文を書いた。

　本書の旧訳は中山伊知郎先生の監修による。私の２人の師（荒憲治郎先生と美濃口武雄先生）は、訳者の辻氏と同様、中山ゼミ出身である。辻氏の端正な訳には何度も救われた。ここに版は違うとはいえ、同一の書物を訳すことになるとは、縁を感じざるを得ない。

　本書は田中先生から直接、依頼された。夏と冬の長期休暇を数度も訳業に当てたのだが、なかなか納得のいく結果にならなかった。途中で大槻忠史氏（群馬大学ほか非常勤講師）に加わってもらい、一字一句、両者で精査を重ねた。なお残る誤りは、私が負う。國方栄二氏（京都大学学術出版会）にもずいぶんと辛抱を重ねて頂いた。その寛容にお礼を申し上げたい。

　2015年８月　LSEの文書館にて

小峯記す

人名索引

ア行

アモン、A.（Amonn, Alfred; 1883–1962） 18–19, 21–22
ヴァイナー、J.（Viner, Jacob; 1892–1970） 78, 108
ウィックスティード、P.（Wicksteed, Philip; 1844–1927） 33, 57, 78, 80, 82, 90, 93
ヴィクセル、K.（Wicksell, Knut; 1851–1926） 56, 69, 72
ウィーザー、F.（Wieser, Friedrich, Freiherr von; 1851–1926） 70, 72, 79–80, 82
ウェーバー、M.（Weber, Max; 1864–1920） 4, 75, 86, 88, 97, 135
ヴェブレン、T.（Veblen, Thorstein Bunde; 1857–1929） 107
エッジワース、F. Y.（Edgeworth, Francis Ysidro; 1845–1926） 67, 81–82, 86, 121
オズワルト、H.（Oswalt, Henry; 1849–1934） 35
オッカム、W.（William of Occam; 1285–1347） 58
オーナー、F.（Horner, Francis; 1778–1817） 80

カ行

カッセル、G.（Cassel, Karl Gustav; 1866–1945） 21, 56, 94
カナル、N. F.（Canard, Nicolas François; c1750?–1833） 80
カニンガム、W.（Cunningham, William; 1849–1919） 40
カーフマン、F.（Kaufmann, Felix; 1895–1949） 67, 82
カーライル、T.（Carlyle, Thomas; 1795–1881） 27–28
カンティロン、R.（Cantillon, Richard; 1680–1734） 90, 92, 106, 137
キャナン、E.（Cannan, Edwin; 1861–1935） 4–6, 8–13, 23, 28–29, 49, 65–66, 83, 95, 121
ギールケ、O. F.（Gierke, Otto Friedrich von; 1841–1921） 143
クラーク、C.（Clark, Colin; 1905–1989） 133
クラーク、J. B.（Clark, John Bates; 1847–1938） 6, 127
クラーク、J. M.（Clark, John Maurice; 1884–1963） 95
クラパム、J.（Clapham, John Harold Sir; 1873–1946） 40
グレアム、F. D.（Graham, Frank Dunstone; 1890–1949） 54
グレゴリー、T. E.（Gregory, Theodore Emanuel Gugenheim; 1890–1970） 68
ケアンズ、J. E.（Cairnes, John Elliott; 1823–1875） 97
ケインズ、J. M.（Keynes, John Maynard; 1883–1946） 83, 141
ケインズ、J. N.（Keynes, John

索　引 | 211

Neville; 1852–1949) 97
ケネー、F.（Quesnay, François; 1694–1774） 70
ゴッセン、H.H.（Gossen, Hermann Heinrich; 1810–1858） 85–86

サ行

サヴォナローラ（Savonarola, Girolamo; 1452–1498） 27
ジェヴォンズ、W. S.（Jevons, William Stanley; 1835–1882） 53, 86–87, 107
シェークスピア、W.（Shakespeare, William; 1564–1616） 23
シェムス、E.（Schams, Ewald; 1899–1955） 56
シェーンフェルト（Schönfield, von Leo ; 1882–1952） 15
シーニア、N. W.（Senior, Nassau William; 1790–1864） 90, 97
シュモラー、G.（Schmoller, Gustav von; 1838–1917） 56, 107
シュルツ、H.（Schultz, Henry; 1893–1938） 102
シュンペーター、J. A.（Schumpeter, Joseph Alois; 1883–1950） 4, 19, 22, 66–67, 69, 83, 132
ジョーンズ、R.（Jones, Richard; 1790–1855） 104–105
スタンプ、J.（Stamp, Josiah Sir; 1880–1941） 29–31, 59
スティーラ、H.（Stähle, Hans; 1903–1961） 102
ストリーグル、R.（Strigl, Richard von; 1891–1942） 17, 19–20, 44, 55, 73, 93–94, 99, 117, 129
スミス、A.（Smith, Adam; 1723–1790） 9–10, 18, 40, 70–71, 89–90, 92, 106, 114
セイ、J.B.（Say, Jean-Baptiste; 1767–1832） 32, 137
ソンバルト、W.（Sombart, Werner; 1863–1941） 42

タ行

ダヴェンポート、H. J.（Davenport, Herbert Joseph; 1861–1931） 4, 22, 70, 127
タウシッグ、F. W.（Taussig, Frank William; 1859–1940） 10, 107–108
タグウェル、R. G.（Tugwell, Rexford Guy; 1891–1979） 103, 112
チャイルド、J.（Child, Sir Josiah; 1630–1699） 105
チャーチル、W.（Churchill, Winston Sir; 1874–1965） 48–49
チュヘル、F.（Čuhel, Franz von; 1862–1914） 58
トゥック、T.（Tooke, Thomas; 1774–1858） 114
ドールトン、H.（Dalton, Edward Hugh Neale; 1887–1962） 66, 68, 112
トレンズ、R.（Torrens, Robert; 1780–1864） 114

ナ行

ナイト、F. H.（Knight, Frank Hyneman; 1885-1972） 34, 58, 69, 76, 78, 90, 94, 111-112, 119

ハ行

ハイエク、F.A.（Hayek, Friedrich August von; 1899-1992） 55, 60, 62-63, 109
ハット、W. H.（Hutt, William Harold; 1899-1988） 132
ハーバラー、G.（Haberler, Gottfried von; 1900-1995） 65, 80, 83
バベッジ、C.（Babbage, Charles; 1791-1871） 71
ハミルトン、W. H.（Hamilton, Walton Hale; 1881-1958） 107
ハーム、G. N.（Halm, Georg Nikolaus; 1901-1984） 21, 142
ハルベルシュテッター、H.（Halberstädter, Hermann ; 1896-??） 102
パレート、V.（Pareto, Vilfredo; 1848-1923） 6, 36, 82
ピアソン、N. G.（Pierson, Nicolaas Gerard; 1839-1909） 142
ピグー、A. C.（Pigou, Arthur Cecil; 1877-1959） 4, 22, 52-53, 84, 96, 132
ヒックス、J. R.（Hicks, John Richard; 1904-1989） 90, 132
ヒッグス、H.（Higgs, Henry; 1864-1940） 90, 137
フィッギス、J. N.（Figgis, John Neville; 1866-1919） 143
フィッシャー、I.（Fisher, Irving; 1867-1947） 10, 18, 127
フェッター、F. A.（Fetter, Frank Albert; 1863-1949） 17, 63, 65, 84, 103
フェヒナー、G. T.（Fechner, Gustav Theodor; 1801-1887） 86
ブラウン、M. S.（Braun, Martha Stephanie; 1898-1990） 127, 142
プラント、A.（Plant, Arnold Sir; 1898-1978） 120, 129
ブルツクス、B.（Brutzkus, Boris; 1874-1938） 19
フリートウッド、J.（Fleetwood, William; 1656-1723） 40
ベイリー、S.（Bailey, Samuel; 1791-1870） 57, 61-63
ベヴァリッジ、W. H.（Beveridge, William Henry; 1879-1963） 4, 33-34, 74, 120, 132
ヘクシャー、E.（Hecksher, Eli Filip; 1879-1952） 40
ベーコン、F．（Bacon, Francis; 1561-1626） 23, 75
ペティ、W.（Petty, Sir William; 1623-1687） 116
ベナム、F. C.（Benham, Frederick Charles ; 1900-1962） 13, 127, 132
ベーム－バヴェルク、E.（Böhm-Bawerk, Eugen von; 1851-1914） 81, 85-86
ベンサム、J.（Bentham, Jeremy;

索　引 | 213

1748–1832) 136
ホートレー、R.G.（Hawtrey, Ralph George; 1879–1975） 133–135, 137
ホブソン、J.A.（Hobson, John Atkinson; 1858–1940） 133–135
ポーレ、L.（Pohle, Ludwig ; 1869–1926） 142
ボーレイ、A. L.（Bowley, Arthur Lyon; 1869–1957） 59, 107
ホワイトヘッド、A. N.（Whitehead, Alfred North; 1861–1947） 52
ボン、M. J.（Bonn, Moritz Juliu; 1873–1965） 55

マ行

マイヤー、H.（Mayer, Hans; 1879–1955） 15, 17, 36–37, 72, 80
マーシャル、A.（Marshall, Alfred; 1842–1924） 4–6, 67, 79–80, 82–83, 90, 96, 114
マッハルプ、F.（Machlup, Fritz; 1902–1983） 119
マルクス、K.（Marx, Karl; 1818–1883） 19, 43, 45
マルサス、T. R.（Malthus, Thomas Robert; 1766–1834） 61, 80, 137
ミーゼス、L.（Mises, Ludwig von; 1881–1973） iii, 16–17, 19, 39–40, 55, 58, 62, 83, 120, 131, 142
ミッチェル、W.C.（Mitchell, Wesley Clair; 1874–1948） 103–104
ミル、J.S.（Mill, John Stuart; 1806–1873） 3–4, 75, 90, 97, 135
メイトランド、F. W.（Maitland, Frederic William; 1850–1906） 143
メッツ、J. R.（Mez, John Richard; 1886–?） 132
メンガー、C.（Menger, Carl; 1840–1921） 17, 58, 85, 97, 106–107
モルゲンシュテルン、O.（Morgenstern, Oskar; 1902–1977） 56, 103–104

ヤ行

ヤング、A.（Young, Allyn Addott; 1876–1929） 51, 70, 103

ラ行

ラスキ、J. H.（Laski, Joseph Harold; 1893–1950） 143
ラスキン、J.（Ruskin, John; 1819–1900） 27–28
ランドリー、A.（Landry, Adolphe; 1874–1956） 22
リカード、D.（Ricardo, David; 1772–1823） 21, 57, 58, 61, 63, 68–69, 80, 104, 114, 137
リッケルト、H.（Rickert, Heinrich; 1863–1936） 40, 75
レオンチェフ、W.（Leontief, Wassily Wassilyevich; 1906–1999） 102
レーニン、V. I.（Lenin, Vladimir Ilyich; 1870–1924） 136–137
ローゼンシュタイン－ロダン、P.

N.（Rosenstein-Rodan, Paul Narcyz ; 1902-1985） 78
ロバートソン、D. H.（Robertson, Dennis Holme; 1890-1963） 81, 141
ロビンズ、L.（Robbins, Lionel; 1898-1984） 22, 69, 82, 132

事項索引

※特に参照すべき頁は太字とした。

ア行

アメリカ 105, 136, 179
アングロ・サクソン 5, 193
一般均衡 80, 172, 179, 183, 187, 190, 192, 195–196, 200, 202
一般法則 ii, 3, 6, 8, 12, 18–20, 23, 34, 44, 64–67, **73–74**, 76, 89, 91–92, 97–100, 109–111, 115, 120–121, 126, 128, 132, 134, 136, 138, 143
因果 44–45, 74, **117–119**, 186–187
インフレーション **54–55**, 118–119
演繹 83, 87, 97, **99**, 105, 107, 112, 169, 172, 175
応用経済学 ii, 50, 54, 56, 64, 70–71, **107**, 121, 126, 168, 180
オーストリア学派 81, 85, 117, 172, 175–176, 178, 199

カ行

外生 117, 119
快楽主義 58, 85–87, 128, 137, 170
価値判断 64, 125, 133, 168, **170–171**, 197–199, 202
家父長 19
貨幣数量説 83, 114, 116
関税 52, 114, 119–120, **131**, 138–140
技巧（アート） 33–34, 170–171, 178
記述的経済学 39, 41
稀少性 17–18, 20–23, 29, 34, 38–39, 41, 44, **47**, 49, 56, 61, 78–80, 85, 92, 97–99, 106–107, 183, 189, **190**, 193, 198, **200–201**, 203
稀少性定義 **13**, 22, 167–168, **175**, **203**
帰納 75, 105, 108, 110
規範 25, 124, 129, 133–134, 140, 171, 175, 181, 199, 202
客観的 125, 136–139, 168, 190, 197–198, 201
恐慌 74, 118, 182, 196
共産主義 12, 19–20
教師 22, 72
均衡 63–64, 68–70, 72, 76, 77–79, 84, 89, **91–92**, 94, 96, 109–110, 124, **128–129**, 132, 141, 185–186, 193, 195–196, 198
クルーソー **11–12**, 19, 35–36, **170–171**
景気循環 103, 109, 173, 176
経済史 6, 25, 29, **39–41**, 95, 101
経済主体 10, 21, 58, 65, 82, 88, 93–95, 101, 118, 125, 128–129, 176, 198
経済人 88, **90–91**, 169, **170**
形而上学 26, 45, 122
限界効用逓減の法則 77, 83, 86, **121–123**, 126, 175
ケンブリッジ学派 170, 178, 198

−199, 202−203
厚生　4, 7−13, 17, 28, 30, **33−34**, 45, 98, 167, 171, 174−175, 184, 198, 202
効用　10, 78, 86, 122, **126−127**, 140, 171, 175, 180, 183, 193−194, 198
合理性　138, **143−144**, 190, 193
国防　9, 139, 183
固定資本　52, 55

サ行

最低賃金　132
再分配　**59−60**, 175
時系列　60, 110
資源配分　53, 128
指数　61, 64
実証　19, 25, 100, **106**, 109, 113, 124, 126, 134, 174, 176, 196
実用主義（プラグマティズム）　104
資本主義　55, 141, 173, 182
社会学　40, **44**, 120, 169, 185
自由財　**16**, 48, 77
宗教改革　40−41
重農主義　10−11
主観的　26, 53, 81, 83, 85, 189, 199
純粋理論　ii, 50, 59, 64, 72, 83−84, 109−111, 128, 168, 189, 202
植物学　135
人頭税　126
心理学　32, 34, 36, 43−44, 67, **84−87**, 91, 95, 119
生産要素　37, **38**, 41, 55−56, 59, 62, 65, 72, 76−77, 80−82, 94, 130, 142

静態　8, 82, 189, 195, 202
制度　18, 43, 45, **92−93**, 95, 97, 104, 185
制度主義　97, **102−103**, 105, 115
先験的（アプリオリ）　30, 99, 172, 193
選好　57, **58**, 60, 123−124, 129, 132, 138, 141−142, 144
戦争　8−9, 17, 28, 49, **131**, 169, 173, 176, 179, 183, 196, 210
相対的な評価　12, 31, 33, 37−38, 44−45, **56**, 59, 77−78, 82−84, **88−89**, 93−94, 117, 123, **170−171**

タ行

代替　14−15, 17−18, 37, **76−77**, 84, 89, 92−93, **123**, 128, 138, 141−143, 175, 183, 188
大量生産　50−51
他の事情が同一　108, 114, 116
弾力性　92, 100−101, 112, 196, 197, 202
賃金　**7−8**, 17, 20, 115, **132−133**, 199
通貨学派　108
田園　30, 139
ドイツ　54−55, 105, 116, 118, 182, 192−193
動機　45, 90, 186−187, 202−203
動態　172, 189
道徳　9, 29, 136, 137

ナ行

内生　117−118
内省　97, 122−123, 125, 134, 143,

170
涅槃（ニルヴァーナ）　15, 110

ハ行

賠償問題　118
配分　56, **94**, 96, 142, 189-190, 193, 195, 200
美学　29-31, 33, 135
フェビアン　121
福祉　5, 7
物質主義的定義　5, **11**, 13, 23, 31, 43
フランス革命　74
方法論争　97, 106

マ行

マナ　15

ヤ行

唯物史観　43, 45, 193
与件　44, 63-64, 69, 72, 111, **113**, 115-117, 120, **185**, 196
予測　53, 74-75, 111, 113, 115-117, 196

ラ行

力学　84, 111, 114, 196
利己主義　88, 90
利己心　88, 91
利子率　54-55, 72, 136, 203
利潤　7, 20, 53, **55**
リスク　89
流動資本　55
倫理学　33, 128, **133-134**, 138, 168, 175
歴史学派　40, 105-106, 182-183
労働者　60, 199

訳者略歴

小峯　敦（こみね　あつし）
　1994年　一橋大学大学院経済学研究科・博士後期課程単位取得退学
　現在　　龍谷大学経済学部・教授、博士（経済学）
　主要業績　（単著）『ベヴァリッジの経済思想』昭和堂、2007年
　　　　　　（共訳）L. ロビンズ『一経済学者の自伝』田中秀夫監訳、
　　　　　　ミネルヴァ書房（第2章担当）、2009年。
　　　　　　（単著）*Keynes and his Contemporaries: Tradition and Enterprise in the Cambridge School of Economics,* Routledge, 2014.

大槻　忠史（おおつき　ただし）
　2010年　東京外国語大学大学院地域文化研究科・博士後期課程修了
　現在　　群馬大学ほか非常勤講師、博士（学術）
　主要業績　（論文）「N. D. コンドラチエフとS. デ・ヴォルフの大循環研究―1920年代の研究を通じた両者の相違―」『経済学史研究』49巻2号、2007年
　　　　　　（共訳）G. アリギ『北京のアダム・スミス』中山智香子ほか訳、作品社（第4章担当）、2011年。
　　　　　　（共著）"The Background of K. AKAMATSU's Gankou Keitai Ron and its development: Early empirical analysis at Nagoya", in H.D. Kurz, T. Nishizawa, and K. Tribe (eds.) *The Dissemination of Economic Ideas*, Edward Elgar（第11章）, 2011.

| 経済学の本質と意義 | 近代社会思想コレクション15 |

平成 28（2016）年 1 月 25 日　初版第一刷発行

著　者	ライオネル・ロビンズ	
訳　者	小　峯　　　敦	
	大　槻　忠　史	
発行者	末　原　達　郎	
発行所	京都大学学術出版会	

京都市左京区吉田近衛町69
京都大学吉田南構内(606-8315)
電話　075(761)6182
FAX　075(761)6190
http://www.kyoto-up.or.jp/

印刷・製本　亜細亜印刷株式会社

Ⓒ Atsushi Komine & Tadashi Ohtsuki 2016
ISBN978-4-87698-885-3　　　　　　　Printed in Japan
定価はカバーに表示してあります

本書のコピー，スキャン，デジタル化等の無断複製は著作権法上での例外を除き禁じられています．本書を代行業者等の第三者に依頼してスキャンやデジタル化することは，たとえ個人や家庭内での利用でも著作権法違反です．

近代社会思想コレクション刊行書目

（既刊書）
01　ホッブズ　　　　　　『市民論』
02　J・メーザー　　　　『郷土愛の夢』
03　F・ハチスン　　　　『道徳哲学序説』
04　D・ヒューム　　　　『政治論集』
05　J・S・ミル　　　　『功利主義論集』
06　W・トンプソン　　　『富の分配の諸原理1』
07　W・トンプソン　　　『富の分配の諸原理2』
08　ホッブズ　　　　　　『人間論』
09　シモン・ランゲ　　　『市民法理論』
10　サン゠ピエール　　　『永久平和論1』
11　サン゠ピエール　　　『永久平和論2』
12　マブリ　　　　　　　『市民の権利と義務』
13　ホッブズ　　　　　　『物体論』
14　ムロン　　　　　　　『商業についての政治的試論』
15　ロビンズ　　　　　　『経済学の本質と意義』